道元の心の哲学

DOGEN'S PHILOSOPHY OF MIND

有福孝岳 著

晃洋書房

目次

第二章　三界はただ心一つなり

第五章　心不可得ということ

まえがき——道元の生涯と『正法眼蔵』

本書を一読される方々の中には、道元のことや、その主著『正法眼蔵』について、すでにある程度知っている人々、あるいはあまり詳しくは知らない人々、あるいはほとんど知らない人々など、いろいろな読者層が予想されます。そこで、本論に入る前に、そもそも、道元という人はどのような人物であり、その主著『正法眼蔵』はどのような著作であるかということについての簡単な解説を導入することにします。すなわち、本論の七つの章で展開する「道元の心の哲学」についてのより良き理解に役立つことを期待して、以下では、一、道元の生涯の概略、二、『正法眼蔵』とは何か、三、本書の要旨、という三つの観点から、本書への簡単な入門的解説を試みることにします。

一　道元の生涯について

詳しくは、拙著『道元の世界』の「前篇、道元略伝」[1]を参照していただくとよいのですが、ここでは極めて簡潔に道元の生涯に触れてみましょう。道元は正治二（一二〇〇）年に生まれ、建長五（一二五三）年に亡くなっています。通説に従えば、道元の父は、村上天皇の系列につながる久我通親《こがみちちか》[2]（一一四八〜一二〇二）、母は藤原基経・道長に連なる松殿基房の娘・伊子《いし》であるとされています。父の久我通親は京都の宮廷政治の中枢を占めていた要人であり、基房の弟には、天台座主も務め、『愚管抄』を書いた慈円や、もともと久我通親の政敵として摂政関白を歴任した九条兼実などがいました。

　しかし、道元の母は久我通親の正妻ではなく側室であり、しかもその前に、木曽義仲と略奪的に結婚させられていたとも言われています。また道元が三歳のときに父が、八歳のときに母が死去するというふうに、道元の身の回りには、何となく暗く寂しいものが、つねに影を落としていました。特に母の死を契機として、世の無常を痛感し、出家学道の志をますます強めたと言われます。一三歳で木幡の松殿山荘を出奔して比叡山に至り、一四歳で天台座主公円僧正のもとで剃髪得度し、天台の修行僧となりました。しかし、鎌倉仏教を興した祖師たち（法然、親鸞、日蓮など）がそうであったように、建保二（一二一四）年春、道元も山を下りて、園城寺の公胤に教えを請い、その指示で建仁寺の栄西のもとに法を訊ねましたが、まもなく栄西は死去します（同三年七月）。叡山において解決できなかった大疑団は、人は生まれながらにして仏性を具えており、生まれつき清らかな仏身を持っていながら（本《ほん》来本法性《らいほんぼっしょう》、天然自性身《てんねんじしょうしん》）、なぜ修行しなければならないか、ということでした。

　この問題を解決するために、貞応二（一二二三）年、道元は二四歳で栄西の弟子の明全などと一緒に中国（宋）にわたり、禅宗の諸老師を訊ねますが、道元が生涯をまかせられるような師匠になかなか出会えずに、中国禅に絶望し、帰国したい気持ちにかられていたときに、天童山景徳寺の住職となった如浄《にょじょう》のことを聞き、ようやく真の師弟関係の縁に巡り会うのです。ときに、道元二六歳、嘉禄元（一二二五）年です。道元は、如浄のもとで「身心脱落」の大体験をして、如浄より印可証明され、仏祖の列に加わることを許されましたが、なお中国禅についてのいろいろな情報を収集したのち、安貞元（一二二七）年に帰国するに至ります。「身心脱落」とは、身体的・精神的拘束からも解放されて、身も心も自由自在に振る舞うことができるということです。

帰国後しばらく建仁寺に寄留した後、深草安養寺に閑居して「弁道話」を書き、天福元（一二三三）年、現在の京阪「深草」駅の近く、極楽寺の旧跡に、本邦初開の坐禅道場、興聖寺《こうしょうじ》を開きました。興聖寺での宗教活動において道元を支えたのは、道元よりも二歳年上の懐弉《えじょう》という篤実な僧でした。あの膨大な『正法眼蔵』を清書し整理したのは懐弉であり、彼なくしては『正法眼蔵』は今日まで残らなかったかもしれないほどです。興聖寺の創建以来、諸堂も整備され、そこで四十巻以上の『正法眼蔵』を道元は書き記し、宗教活動も隆盛を極めつつあったと思われますが、寛元元（一二四三）年、道元四四歳のとき、おそらく比叡山延暦寺の強大化する圧力のもとに、にわかに京都を出て越前志比庄に移ることになりました。ことさら越前に移ったのは、道元の外護者、波多野義重の知行地が越前にあったためであり、また、真の修行をするためには、「国王大臣に近づくな」という師如浄の教えを守ったためもあるでしょう。

越前に移ってもはじめから永平寺があったわけではないのですが、山奥の不便な生活を余儀なくされながら、吉峯寺（「きっぽうじ」または「よしみねでら」）、禅師峯（「ぜんじほう」または「やましぶ」）、大仏寺（のちに永平寺）などで、京都の要人や宗教界などに気兼ねをする必要もなくなったので、道元は以前よりももっと自由に、思う存分に自分の禅仏教を発展・展開させました。そしてまた、興聖寺時代の『正法眼蔵』が「哲学的・思想的」色彩の濃い作品を多く含んでいたのに対して、永平寺時代においては極めて宗教的・倫理的要素が前面に出ている作品が多くなっているように思われます。さらにまた、釈尊に直接する仏教、釈尊から嫡嫡相承された仏教としての「正伝の仏法」を修行・護持・伝承しているということを力説強調し、儒仏道の三教の一致説を排除し（「仏経」「諸法実相」各巻参照）、禅宗・曹洞宗の挙称すらも拒否する（「仏道」巻参照）ようになりました。

ところで、道元は、一方において、あれほど「只管打坐《しかんたざ》」を強調し、参禅は「焼香・礼拝・念仏・修懺《しゅさん》・看経《かんきん》を用ゐず」と力説しているにもかかわらず、他方において、観音信者であり、法華経礼讃者でもあります。たとえば、道元が中国から帰国の途上、暴風に遭い、船上で黙坐黙禱していると、観音菩薩（一葉観音）が蓮の葉に乗って海上に浮かび、風波たちまちおさまったと伝えられています（『建撕記』）。(3) なお道元は、日本初開の禅道場、興聖寺のことを「観音導利院・興聖宝林禅寺」とも呼んでいます。また道元は『正法眼蔵』「見仏」（三 224/225）の巻では、『法華経』を「受持し読誦《どくじゅ》し正憶念し修習し書写する者」は釈迦牟尼仏を見るに等しく、仏の口より直接に『法華経』を聞くようなものであるという『法華経』「勧発品」の文言を引用しつつ『法華経』を礼賛しており、また死の数日前に病床からすっと立ち上がって『法華経』の「如来神力品」の一節を唱えつつ部屋の柱に書き記したという話が残っているほどです。このように、偉大な天才であればあるほど、その所説は振幅の大きい、相矛盾する契機を孕んでいるように見えますが、道元においてはそれは決して矛盾ではなくて、仏者としての考え方・生き方そのものであり、そこに道元という天才の不可思議な、全人的な魅力があると言えましょう。

越前での十年間の生活において、宝治元（一二四七）年八月、北条時頼の招きで、一度だけ山を下りて鎌倉に下向し、同地に半年間滞在し、時頼には菩薩戒を授け、当地の道俗の教化に努めました。あるいは後世の人々の虚構であるかもしれませんが、時頼が、自らの「願心を遂げんがために」越前の土地を永平寺に寄進しようとしたのですが、道元はこれを受けず、さらにまた、当時首座を務めていた玄明という弟子がこの寄進のことを皆に触れ回ったので、「この喜悦の意きたなしとて」玄明を永平寺から追放し、あまつさえ彼が坐禅していた床まで切り取った、と言われます（『提撕記』）。この話は道元の清廉潔癖さと厳格さを象徴していると思います。

ついでにもう一つ、いかにも道元らしい人柄の一面を物語る逸話を紹介しておきます。道元は、後嵯峨天皇から紫衣を賜りましたが、その申し出を二度断ったけれども三回目はついに断り切れずに、致し方なく頂戴したが、一生それを着用せずに、しかも、そのとき、次のような偈頌（漢詩）を作ったと言われます。「永平、谷浅しと雖も、勅命の重きこと重々。却って猿鶴に笑われん、紫衣の一老翁（永平雖谷浅、勅命重重重、却被笑猿鶴、紫衣一老翁）」。しかしながら、最近の宗門の研究では、この逸話は後世の書写の過程で付加されたことであり、史実ではないという見解が大勢を占めているようです。私は道元信者の一人ですので、よしんば史実でなくても、道元の人となりを表しているような事柄ならば、これを参考にしても一向にかまわないと思います。

そうこうするうちに、最晩年を迎え、建長五（一二五三）年正月六日、最後の説法として、ちょうど釈尊がそうされたように、八つの大人の自覚「八大人覚《はちだいにんがく》」を説きますが、病が段々と重くなる一方なので、檀那の波多野義重の勧めなどもあり、名医と良薬を求めて、同年八月五日、懐弉とともに永平寺をあとにして京都へ向かい、京都では、現在の下京区高辻西洞院の俗弟子覚念という人の屋敷に逗留しました。八月十五日の中秋の名月を見て、「また見んとおもひしときの秋だにも　今宵の月に寝られやはする」と詠みました。しかし、種々の投薬の甲斐もなく、八月二十八日の午前零時頃、入涅槃し、不帰の客となったのです。遺偈は、「五十四年、第一天を照らす、箇の勃跳《ぼっちょう》を打して、大千を触破《そくは》す。咦《い》。渾身、覓《もと》むることなし、活きながら黄泉におつ」（写真参照）というものでした。

筆者撮影

なお、道元の著作としては、私たちの勉強対象たる『正法眼蔵』をはじめとして、漢詩文の『永平広録《えいへいこうろく》』、僧堂での雲水僧の所作進退のあり方を示す『永平大清規《えいへいだいしんぎ》』（これには「典座教訓《てんぞきょうくん》」、「弁道《べんどう》法《ほう》」、「赴粥飯法《ふしゅくはんぽう》」、「衆寮箴規《しゅりょうしんぎ》」、「対大己五夏闍梨法《たいたいこごげじゃりほう》（大己五夏の闍梨に対するの法）」、「日本国越前永平寺知事清規《ちじしんぎ》」などが含まれる）、仏道を学ぶ際の根本的姿勢を説いた『学道用心《がくどうようじん》集《しゅう》』、歌集としては『道元禅師和歌集』[4]、坐禅の仕方を説きつつ、坐禅をあまねく勧める名文「普勧坐禅儀《ふかんざぜんぎ》」などあまたのものが存在しています。さらに、禅門古来の語録から抜粋して、三百則の語録公案集として、道元自ら編集作成した漢文の『正法眼蔵』、いわゆる『真字正法眼蔵』も存在します。これに対して、いわゆる『正法眼蔵』は『仮字正法眼蔵』とも呼ばれます。なおまた、道元は如浄への参禅日誌とも言うべき『宝慶記』を残しています。これと対をなすのが、懐弉の道元への参禅記録としての『正法眼蔵随聞記』です。

二 『正法眼蔵』とは何か

二・一 『正法眼蔵』という書物について

そもそも、『正法眼蔵』とはいかなる書物なのでしょうか。ちなみに、「正法眼蔵」という言葉は、釈尊が霊山会上において、大衆を前にして「金波羅華（金色の蓮華）」を拈じられたとき、一人摩訶迦葉尊者のみがその心意を理解して「微笑」（拈華微笑）したので、「吾れに正法眼蔵、涅槃妙心、実相無相、微妙の法門有り、不立文字、教外別伝、摩訶迦葉に付嘱す」（『無門関』六「世尊拈花」）と宣言されたという故事に基づく言葉です。(5) したがって、「正法眼蔵」とは、釈尊が自ら悟りを開かれて、その悟りの内容を弟子の摩訶迦葉に伝え、さらには菩提達磨を経て六祖慧能に伝えられた仏法の核心が次々と祖師たちに受け継がれ、ついには天童如浄大和尚から永平道元大和尚へと、そのつど具体的に以心伝心して伝えられてきた仏教の根本真理を意味しています。したがって、道元は、最初は自分が編集した三百の語録公案集、いわゆる『三百則』を『正法眼蔵』（『真字正法眼蔵』）と呼んでいたようです。そのかぎりにおいて、「今、正法眼蔵といふ名は、これぞやがて仏法を指す名にてある」という、『正法眼蔵』最古の注釈書『正法眼蔵抄』（一三〇八年刊行）を書いた経豪《きょうごう》和尚（年代不詳）の言葉に尽きています。なお、いわゆる『正法眼蔵』は、はじめからその名が付いていたわけではなくて、はじめは、「現成公案」とか「仏性」とかの各巻の題名のみが使われていたのですが、のちに七十五巻本が編集されるに及んで、初めて『正法眼蔵』が総称として採用されたものです。

前口上はともかくとして、道元の主著である『正法眼蔵』は、日本寛喜三（一二三一）年八月、道元満三一歳から、建長五（一二五三）年正月の満五三歳までの、二三年間にわたる説法示衆を和文で書き綴ったものです。その説法示衆が行われた場所は、山城深草の安養院（極楽寺跡）、同じく本京宇治興聖寺、京都六波羅蜜寺側の波多野出雲守義重幕下、六波羅蜜寺、越前の吉峯寺、禅師峯、大仏寺（のちの永平寺）の七カ所に及んでいます。深草安養院において説かれた「弁道話」（寛喜三［一二三一］年八月十五日）から始まって、最後に永平寺で説かれた「八大人覚」（建長五［一二五三］年正月六日）に至るまで、道元は本来は百巻の『正法眼蔵』を完成するつもりであったのですが、病気のためにそれはかなわなかったのです（『正法眼蔵』「八大人覚」における懐弉の奥書参照、四 415/416）。これらの『正法眼蔵』各巻はすべて、もちろん道元自身が起草したものではありますが、これらを実際に書写したのは、懐弉（一一八九～一二八〇）・義演（?～一三一四）・義雲（一二五三～一三三三）などであり、なかでも道元の二歳年上の高弟懐弉が書写したものが最多となっています。(6)

ところで、『正法眼蔵』の各巻で、説示の時と所が明らかなものとしては、山城時代に説示書写されたもの四十五巻、北越時代に説示書写されたもの三十七巻、総じて八十二巻があります。他に、説示の時と所が不明なものが十巻（出家功徳・受戒・供養諸仏・帰依仏法僧宝《ぶっぽうそうぼう》・深信《じんしん》因果・四馬《しめ》・四禅比丘・一百八法明門《いっぴゃくはちほうみょうもん》・唯仏与仏・生死）ほどあります。これらを総括すると、『正法眼蔵』は九十二巻の多きに達し、この中には巻名は同一でも内容の異同がみられる「別本」が七巻（心不可得《しんふかとく》・仏向上事・仏道・洗面・三時業・弁道話・嗣書）あります。

道元は、それまでに書き上げた『正法眼蔵』をさらに推敲して、いわゆる「旧草」としての七十五巻本――「現成公案」の巻を首巻とし「出家」の巻を終巻とする――「正法眼蔵」を編成したのちに、さらにあらためて比較的新しく書いたものを十二巻にまとめて「新草」としての十二巻本の『正法眼蔵』を編成しました。それらは、一・出家功徳、二・受戒、三・袈裟功徳、四・発菩提心、五・供養諸仏、六・帰依仏法僧宝、七・深信因果、八・三時業、九・四馬、十・四禅比丘、十一・一百八法明門、十二・八大人覚となっています。

これらの巻名を見ると明らかなように、新草には総じて非常に倫理的・宗教的な色彩の濃いもの、言い換えれば有り難いものが多く、旧草——たとえば「現成公案」、「摩訶般若波羅蜜」、「仏性」、「山水経」等々——には哲学的・思索的なものが多く含まれているのと好対照をなしています。最近では、この新草における道元の宗教観が大々的に取り上げられて、挙げ句の果ては、道元の宗教はこの新草の十二巻本『正法眼蔵』にのみあるとするような極論を展開するような学者も見受けられるようですが、このことによって、旧草の七十五巻本『正法眼蔵』そのもの、及びそこで展開されている諸思想が断じて等閑視されてはならない、と筆者は確信しています。

もし道元が、十二巻本『正法眼蔵』しか残さなかったとすれば、宗教家としての存在意義はあるとしても、日本における類まれな思想家・哲学者としての価値と魅力はなくなってしまうでしょう。やはり、七十五巻本『正法眼蔵』があればこそ、宗教家道元の重みと魅力が計り知れないほど偉大なものとなったというのが、新旧二編の『正法眼蔵』に対する中庸を得た適正な態度ではないでしょうか。私のこれまでの『正法眼蔵』研究の力では、この問題にこれ以上深入りすることはできませんが、新旧二編どちらが本当の道元か、などという議論が、道元の一番嫌う「戯論」に終わらないことを祈るだけです(7)。

それよりも、私が興味があるのは、旧草七十五巻、新草十二巻がどのような原理と信念に基づいて、あのように必ずしも書いた年代順によらずして順序づけされたのか、ということです。そこには、道元独特の仏教観・宗教観・世界観・人生観などがちりばめられていることと思います。なお、十二巻本『正法眼蔵』を、道元『正法眼蔵』の思想全体の中で正しく位置づけるためには、たとえば道元における空観と縁起、聖諦と俗諦、仏教の第一原理とその実践的応用との根源的関係を正しく見極めなければなりませんが、この問題については、いずれ機会を得て詳しく論じてみたいと思っています。

二・二　『正法眼蔵』のテキスト

1　『正法眼蔵』の原テキスト

ところで、『正法眼蔵』の編集は巻数の別によっておよそ次のように分類することができます。詳しくはその方面の解説書を参照していただきたいと思います。[8]

まず、道元自身の編集方針に基づいて、①七十五巻本（旧草）と②十二巻本（新草）とにまとめられたものが、最初の原テキストです。どちらかというと、七十五巻本は哲学的・思想的要素が強く、十二巻本は極めて宗教的・信仰的要素が強く打ち出されていると言えます。現代では、特殊な場合を除いて、これら旧草と新草を基本にして『正法眼蔵』が編集されています。

③六十巻本。永平寺五世義雲が、嘉暦四［一三二九］年に編輯したもの。七十五巻本からの五〇巻と、十二巻本からの七巻と、どちらの巻にもないもの二巻（法華転法華と菩提薩埵四摂法）とから成り立つものです。なお、功山寺の勧請《かんじょう》開山《かいさん》金岡《きんこう》用兼《ようけん》（一四三六〜一五一五）は、この義雲系六十巻本の書写（「洞雲寺本」）を行いました。

④八十四巻本（梵清本）。太容《たいよう》梵清《ぼんせい》（？〜一四二二）が応永二六［一四一九］年に書写編輯したもの。七十五巻本を正編として、これに六十巻本にあって七十五巻本にないもの九巻を別輯として補足してできたもの。これは江戸時代までは標準的なテキストであったようです。

⑤八十三巻本（瑠璃光寺本）。上十冊と下六冊の計十六冊から成り、上十冊には六十巻本『正法眼蔵』全巻を収め、下六冊には七十五巻の『正法眼蔵』から六十巻本『正法眼蔵』にはない二十三巻を収めています。

⑥『秘密正法眼蔵』二十八巻本（懐奘所持本）。福井県永平寺に秘蔵されていたもので、初冊十一巻と、中冊十巻と、下冊七巻とから成り、そのうち、「生死」「唯仏与仏」の二巻はこのテキストのみにあるものです。

⑦九十五巻本。これには、永平寺三十五世晃全（一六二七〜一六九三）が元禄年間（一六八八〜一七〇四）に編輯した

ものと、永平寺五十世玄透即中の輩下の穏達・俊量によって文化八（一八一一）年に開版された『永平正法眼蔵』とがあります。

2　『正法眼蔵』の新しいテキスト

①　衛藤即応校註『正法眼蔵』全三巻、岩波文庫、一九三九〜一九四三年第一刷。
②　寺田透・水野弥穂子校注『正法眼蔵』日本思想体系13、上／下巻、岩波書店、一九七〇〜一九七二年第一刷。
③　大久保道舟編『古本校定・正法眼蔵全』、筑摩書房、一九七一年初版第一刷。
④　『本山版・縮刷・正法眼蔵全』、鴻盟社、一九八〇年第八版。
⑤　水野弥穂子校注『正法眼蔵』、岩波文庫、全四巻、一九九〇〜一九九三年第一刷。
⑥　河村孝道校訂・註釈『正法眼蔵』、『道元禅師全集』、第一／二巻、春秋社、一九九一〜一九九三年第一刷。

本書における『正法眼蔵』からの引用に際しては、主として右記⑤水野弥穂子校注の岩波文庫版『正法眼蔵』四巻本（一九九〇〜一九九三年第一刷）に従い、漢数字は巻数、アラビア数字は頁数を示します。なお、以下において、『正法眼蔵』の引用箇所を示す場合には、『正法眼蔵』という書名を省略し、その巻名のみを記すことにします。

いつものことながら一番困るのは、ここで採用した岩波文庫版『正法眼蔵』の漢字の読みと、たとえば駒澤大学編集の『禅学大辞典』（上下二巻、大修館書店、一九七八年）で採用されているそれとが、しばしば異なっていることです。前者（日本思想体系13、および『古本・正法眼蔵』も）は、漢字に多く「唐音（宋音）」のルビを付していますが、なるほどその方が道元時代の雰囲気をより良く伝えることができるとしても、現代の漢字の読みとはまったく異なるものなので、その読みのままでは、その意味を調べたい漢字を、現代出版されている『仏教辞典』や『禅学辞典』などで探し出すことができません。現代の読者の皆さんは岩波文庫の方が入手しやすいとはいえ、現代はもはや使われていない唐音のままでは違和感を禁じ得ないし、よけいに扱いが厄介なものになることでしょう。したがって、本書では、引用箇所は岩波文庫で示し、読み方は主として上述の駒澤大学編纂『禅学大辞典』や河村孝道校訂・註釈『正法眼蔵』のそれに従うことにしました。読者の方々にはこのことに留意していただきたいと思います。

なお、頻出する『正法眼蔵』の引用箇所の提示に限って、引用文の後に、たとえば、(眼蔵・現成公案)というふうに、書名と巻名とをカギ括弧で括らずに、簡略化して直接的に示しました。他のテキストからの引用の場合は、慣例に従って、必ず書名には二重括弧を付けて示しました。

3　『正法眼蔵』の注釈書・現代語訳

『正法眼蔵』の代表的な注釈書に関しては、たとえば以下のものがあります。

① 神保如天・安藤文英編『正法眼蔵註解全書』全十巻別巻一、無我山房、一九一三／一九一四年。

② 西有穆山『正法眼蔵啓迪』上下二巻、代々木書院内『正法眼蔵啓迪』頒布会発行。ならびに、西有穆山『正法眼蔵啓迪』上中下三巻、大法輪閣、一九六五年。

また、『正法眼蔵』の現代語訳に関しては、たとえば以下のものがあります。

① 高橋賢陳『全巻現代訳・正法眼蔵』上下二巻、理想社、一九七一／一九七二年。

② 中村宗一『全訳・正法眼蔵』全四巻、誠信書房、一九七一／一九七二年。
③ 玉城康四郎『現代語訳・正法眼蔵』全六巻、大蔵出版、一九九三年。
④ 石井恭二注釈・現代語訳『正法眼蔵』全四巻別巻一、河出書房新社、一九九六年。
⑤ 増谷文雄全訳注『現代語訳・正法眼蔵』全八巻、講談社学術文庫、二〇〇四／二〇〇五年。
⑥ 水野弥穂子訳注『原文対照現代語訳・道元禅師全集・正法眼蔵』全九巻〔1～8巻、水野弥穂子訳注。9の巻、石井修道訳注〕、春秋社、二〇〇二～二〇一二年。

4 『正法眼蔵』の英訳・独訳

『正法眼蔵』の英訳と独訳に関しては、たとえば以下のものがあります。

① *The Shobo-genzo*, by Yuho Yokoi. Tokyo, Sankibo Buddhist Book-store, 1986.

① *Dôgen Zenji's SHÔBÔGENZÔ: Die Schatzkammer der Erkenntnis des Wahren Dharmas*, Band I/II, Zürich, Theseus-Verlag 1989.
② *SHÔBÔGENZÔ: Die Schatzkammer des wahren Dharma-Auges*, Band 1/2/3/4, Heidelberg-Leimen, Werner Kristkeitz Verlag 2001/03/06/08.

他にもいろいろなタイプの『正法眼蔵』のテキスト・注釈書・現代語訳等が出版されており、それぞれ優れたものだと思われますが、ここでは筆者が参照したものだけを提示するに留めたことをお許し願います。

三　本書の要旨

本書は、道元が主として『正法眼蔵』において展開した、「心」についての諸構想を、以下の七つのテーマに分類することによって、解明しようとしたものです。

第一章においては、人間性の喪失と心の問題との連関を現代の必要不可欠の根本問題として提示し、この課題を果たすべく、まず日本語の心の意味や仏教語としての心の意味を分析し、人間的自己の本具・本性の心のあり方として「自性清浄心」を導出した後に、この自性清浄心を、禅的・理想的人間像としての「本分人・真人」に関係づけつつ、解明しようとしました。

第二章においては、西洋哲学ならびに仏教における唯心論の諸観点、華厳哲学や唯識哲学における「心・意・識」の諸観点の基本的形態を踏まえつつ、仏教的世界観としての唯心思想を道元の尽大地的自己論ならびに自然仏性論に関連づけることによって、道元自身の「三界唯心」論の特質を解明しようとしました。

第三章においては、心と魂の問題ならびに両者の関係を明らかにするべく、魂の不滅を主張する先尼外道の身滅心常論と、これを反駁する道元の性相不二・生死一如の思想を紹介しつつも、絶対的正義の世界を確保する前提条件としての魂の不死不滅の思想の効用を明らかにした後に、心も魂も大自然と一体的に見る道元自身の「即心是仏」論の核心を浮き彫りにしようとしました。

第四章においては、「身心学道」の問題を、心身の哲学的問題から掘り起こしつつ、本書の性格からして、まず心学道の重要性を、赤心・古仏心・平常心の三種の観点から解明し、つぎに身学道の重要性を、最後に身体を「大きな理性」と定義するニーチェの身体論と大地の思想を紹介し、道元の身心学道論の重要性と世界性に別の視点から照明を当ててみました。

第五章においては、「心不可得」の問題を、金剛経、徳山和尚と老婆の問答、両者への道元の批判的観点、さらに達磨の「心不可得」に対する『無門関』での提示、「他心通」と「心不可得」との関係を明らかにし、最後に「心不可得」の問題を、禅の一つの究極的特質としての「不覚不知」論に関連づけつつ解明しました。

第六章においては、大乗仏教の根本精神としての菩提心と菩薩道の連関を、菩提心それ自体の意味と役割、菩提心と慮知心との関係、自未得度先度他としての「発菩提心」のあり方、発菩提心と無常観との関係などを究明した後に、最後に日常的・具体的な実践形態としての三心（喜心・老心・大心）を菩提心に関連づけて解明しました。

第七章においては、日本においても最も人々に親しまれている「観世音菩薩」自身の意味と役割、さらには、「観」の意味とあり方を分析した後に、「観音」の力と働きを心眼でもって一切を「観る」こととして際立たせ、「観自在」を中道（的中・適正）の実践として位置づけ、道元の観音解釈における「如人」こそ、「本分人・真人」としての人間の現成――「人在りて人の如し、人行《おこな》いて人の如し」――であることを明らかにしました。

注

（1）有福孝岳『道元の世界』、大阪書籍、一九九四年第二刷、特に六～一一五頁参照。

（2）最近では、道元の本当の父親は、通親の子供である久我通具《こがみちとも》と言われているが、本書ではさしあたり、通説に従っておく。水野弥穂子『十二巻『正法眼蔵』の世界』、大蔵出版、一九九四年、初版第一刷、一八〇頁参照。

（3）『建撕記』は、詳しくは『永平開山行状建撕記』と呼ばれ、永平寺第十四世住持、建撕《けんぜい》（一四一五～一四七四）の著書。

（4）『道元禅師和歌集』（『道元禅師全集』第七巻、一五二～一七八頁、春秋社、一九九〇年）。従来までは道元禅師歌集と言えば、面山校訂の『傘松道詠集』（延享四／一七四七年刊行）に依拠してきたのであるが、これには道元禅師の作ではないものも混入されていたことが明らかになったので、現今ではこの春秋社版和歌集が最も信頼のおけるものとされている。

（5）　こうした禅のモットーは中国人の偽作とされる『大梵天王問仏決疑経』二「拈華品」に見られるものである。なお、「正法眼蔵、涅槃妙心、実相無相、微妙法門」の四句は、テキストによって若干異なっている。『禅学大辞典』下巻、大修館書店、一九七八年、八一六／八一七頁参照。

（6）　大久保道舟編『古本校定・正法眼蔵』、筑摩書房、一九七一年初版第一刷、「解題」、七八九～八一〇頁あるいは河村孝道校訂・註釈『道元禅師全集』第二巻「解題」、春秋社、一九九三年、六七三～七二一頁など参照。

（7）　詳しくは、鏡島元隆・鈴木格禅編「十二巻本『正法眼蔵』の諸問題」、大蔵出版、一九九一年初版参照。新旧二編の正法眼蔵』に対する見解としては、鏡島元隆氏の論文「十二巻本『正法眼蔵』の位置づけ」において展開された立論が最も中庸を得た、穏当な議論であると思われる。

（8）　たとえば以下の書物・頁数などを参照されたい。①『禅学大辞典』上巻、大修館書店、一九七八年、五八〇／五八一頁。②河村孝道校訂・註釈『道元禅師全集』第二巻「解題」、春秋社、一九九三年、六七三～七二一頁。③水野弥穂子校注『正法眼蔵』、岩波文庫全四巻中の（四）、一九九三年、五〇五～五一八頁。④西尾實他校注『正法眼蔵・正法眼蔵随聞記』日本古典文学大系81、岩波書店、一九六五年、三四～五六頁。⑤菅沼晃編『道元辞典』、東京堂出版、一九七七年、一〇三～一〇九頁。

第一章　人間性の喪失と心の問題(1)

一　人間性の喪失と心の問題

さて現代において、「人間性の喪失」ということ、したがってまた「人間性の回復」ということもまた、しばしば耳にするところです。たとえば、母親の幼児放置事件や父親の実子への虐待的折檻などが頻発しているようです。それでは、どうして人間性が失われてしまっているのでしょうか。さらにまた、喪失した人間性を回復するには、どのようにしなければならないのでしょうか。けれども、この問いに答えうるためには、私たちはまず、そもそも人間性（humanity, human nature）とはいかなるものであるかをあらかじめ理解していなければなりません。実際の人間の心中には善意も悪意も両方潜んでいるにもかかわらず、不思議なことに、「人間性」という言葉を聞いたときに、まず考えることは、決して悪しき人間性のことではなくて、まさに人間が人間としてその名にふさわしいあり方を具えているということ、つまり優れた意味での人間らしさに他なりません。これは不思議と言えば不思議なことですが、そのように私たちが人間性を理解しているという事実の中に人間の救いがあるように思います。

ところで、現代の日本の経済状況は不況のあおりをくって、一昔前とはだいぶ状況が変わっています。特に一昨年来のコロナ禍の世界的蔓延によって人間生活の困難と社会経済活動のマヒ状態に陥り、世界中の人類は困りはています。かつては、私たち日本人は、ハイテク技術をわがものとし、おかげで経済的にも大変豊かな国の中で生きているという自信がありましたが、今は油断すると取り残されそうです。技術はあるのですが、その技術を十分に活用できる状況が狭まっているようです。それでも、日本はまだ捨てたものではないと思います。平成二十三年三月十一日に起こった東日本大震災で痛手を被りましたが、その後の日本人の粘り強い生き方を見ていると、必ず復興するであろうと期待し確信しています。

人間が生活し、国が繁栄するためには、もちろん経済的基盤の安定が重要な要素ではありますが、それは究極的なものではありません。個々人の心の安定は経済だけでは不可能です。人生において最も大事なことは、何よりも心が安心し満足することとです。心ある人間ならば、お金だけでは人生の本当の願望を満たすことはできないことは誰でも知っています。物質的に何不自由なく生活していてもどこか背筋が寒いのです。物質的に豊かであっても、精神的に豊かでないときには、心は貧しいものです。心の豊かさとは、心の落ち着きと安定、つまり心の平安です。お金だけでは、究極的意味で心の平安を満たすことはできません。仏教ではこれを特に「安心《あんじん》」と呼んでいます。

特に「安心《あんじん》」は、浄土信仰においてのみならず、禅宗においても最も根本的な言葉です。ちなみに、人間が生きているということは、身心の不二一体的働き以外の何ものでもありません。したがって、心を安《やす》んずることができれば、同じく身もまた安んずることができるわけであり、それゆえ「安心」は「安身」にも通ずることになります。したがって、仏教では一般には「安心立命《あんじんりゅうみょう》」と呼ばれますが、禅宗ではことさら安心を安身に置き換えて「安身立命《あんじんりゅうみょう》」という言葉をしばしば用いています。

これは、もともと中国の儒教で語られている言葉を禅宗が取り入れたものです。たとえば、孔子は「五十にして天命を知る」（『論語』「為政」）と語り、孟子は「殀寿《ようじゅ》（短命と長命）貳《たが》わず、身を修めて之を俟《ま》つは命を立つる所以なり」（『孟子』「尽心」）、すなわち「寿命の長短に拘わらず、天命に順応して、身を修め静かに天命を待つのが、天命を尊重する道である」と語っています。[2] ところで、道元は、全世界と山河大地といえども、これらは「色即是空」の原理に従えば、すべてが雲散霧消し瓦解氷消してしまう運命にあるが、そのときには、この天地自然の中の一体どこに向かって「安身立命」するのかという問題を提起しています（『永平広録』第二巻）。[3] 禅の精神からすれば、自己が位置する今と此処とにおいて安心（身）立命するしかありませんが、そのためには、まず何よりも自らの心そのものを落ち着かせなければなりません。

重要な点は、人間生活、つまり人生における心の問題、精神的な姿勢・態度にあります。物や金がいくらあっても満足できないものを感じているのが、人間の心です。量的観点ではなく、質的観点に立たなければ、心の平安は得られないでしょう。質的観点とは心の観点、結論的に言えば、安心立命ということです。安心立命こそが、人間の最後のよりどころです。そこに哲学や道徳や宗教の課題があるのです。究極的には宗教の問題が畢竟帰処になると確信します。もしそうでなければ、それはもはや真実の人間の心ではなくて、その場合、真の人間の心をどこかに置き忘れているのです。

いわゆる病気（すなわち体の病気、身体的・肉体的病気）になったときには、お医者様のところに診察してもらいに行けばよいのです。体の健康に関しては、今日、人々は極めてこれに留意していることは周知の事実です。アメリカで留学生活を送ってきた知人に聞いた話によると、アメリカ人は日本人以上にジョギング好きな国民らしい。もちろん、日本人もまた、自らの健康のため、水泳、テニス、ゴルフなど、ありとあらゆるスポーツを営んでいる事実からしても、一種のスポーツ狂の民族です。しかし、ときおり、ジョギングのためにジョギングをやりすぎて、あたら露命を無常の風にさらされている人のことも見聞しています。しかしあまり健康に執着し過ぎるのも問題です。健康になりたい、健康になりたいという心の病、つまり健康という名の病気もあるのです。ただいたずらに身体が頑健であっても、ただやみくもに動物のように健康であっても、もしそのように健康な人間の心が貧しければ悲しいことです。問題は心身一如的存在としての人間らしい健康が確保されているかどうかだと思います。そのためには、心の平安が第一だと考えます。

ところで、医学の新たな領域に「精神身体医学（psychosomatic medicine）」というものがあります。それは、心身は一体であるという立場から、身体的因子のみではなくて、社会的・心理的因子や精神的要素に配慮して疾病の研究・診療を行う医学です。「病は気から」と言うように、また「効くと思って飲んでこそ」薬の効き目も倍加するように、人間の病気は精神・心のあり方に深く関わっているのです。「医は仁術なり」という言葉や「大医王（医者の王様、最も優れた医者）」という仏陀の代名詞、あるいは薬師如来という如来の名称なども同じ根拠に基づいているのです。したがって、たとえば、『梁塵秘抄』には、「薬師医王の浄土をば、瑠璃の浄土と名づけたり、十二の船（十二の大願）を重ね得て、我ら衆生を渡《わた》い（渡らせ）たまへ」[4]という歌もあります。

もともと、学問は、人間生活そのものに密着して生じたものですが、総じて学問というものがあまりにも専門化し、あまりにも細分化してしまうと、学問も最初の出発点を忘れてしまう傾向があります。哲学にしても、ギリシア語「フィロソフィア（philosophia）」すなわち「愛（philos）知（sophia）」の精神からすれば、学と生との統一であるはずが、現代においては「生」の「知恵」という側面が忘却されているようです。

同じことが自然科学や諸々の学問形態においても言えるでしょう。新カント派の先駆者とも言える哲学史家F・A・ランゲ（1828-75）は、その著『唯物論史』の中で、近代の心理学を評して「心なき心理学（Psychologie ohne Seele, psychology without soul）」と呼びました。[5] ちなみに、「心理学（psychology = psyche 魂 + logos 論）」なる語は、その語源からして明らかなように、元来は文字通り「心の学、魂の学問」であり、精神の働きが実体としての心または霊魂の本然の能力の働きとされていたのです。しかしながら、よく考えてみると、私たちは、心ないし魂の働きの結果は十分に探究可能であるにしても、その原因そのものとしての心ないし魂そのものは不可知的なものとして残さざるをえないのです。「心とて人に見すべきものぞなし、ただ働きのあるのみにして」ということです。このような心ないし魂の特殊事情からして、近世において、心理学が科学的となるためには、説明根拠としての心、実体概念としての心を科学的知識の対象としては捨てなければならないことが提唱されるに至ったようです。

このような仕方で、十九世紀の心理学は、経験的な意識を対象とする意識心理学となり、さらには二十世紀の初めには、意識を研究の対象にしないで、外的行為形態としての「行動（behavior）」のみを研究対象とする、それゆえ、まさしく「意識なき心理学」としての「行動心理学（behavior psychology）」へと変貌したのです。このような仕方で、心そのものが学問の研究領域から排除されてしまったのです。いまや、私たちは、こうした、心に不利な時代状況の中で、言い換えれば心乏しき時代において、ますます心の回復と心の探求とを希求しなければならないのです。さもなければ、私たち人間は、人間喪失の奈落の底に加速度的に落ち込んでいくしかありません。そうならないためにも、いま一度、人間の人間らしさ、人間性の源としての「心」の本然の姿、心の本性・本質を探求し、あるべき心の姿を探求してみようと思います。そのために、まず、「こころ」や「心」の意味から探ってみることにします。

二　日本語の「こころ」の意味

次に、「こころ」という言葉の意味に関しては、『広辞苑』（岩波書店）によると、「こころ」という言葉の音に関しては、「禽獣などの臓腑のすがたを見て、コル（凝）またはココルといったのが語源か。転じて、人間の内臓の通称となり、更に精神の意味に進んだ」ものという解説があります。これに対して、『岩波・古語辞典』の説明によると、「生命・活動の根源的な臓器と思われていた心臓。その鼓動の働きの意が原義。そこから、広く人間が意志的、気分・感情的、また知的に、外界に向って働きかけて行く動きを、すべて包括して指す語」とあります。したがって、心とは、人間的生命の根源存在としての心臓という身体的・質量的中心存在を意味するものから出発して、精神的・形相的な中心存在を意味するものへと進化した言葉であると思われます。

あるいはまた、『日本国語大辞典』の「こころ」の項では、次のように定義されています。まず、文法上は、「名詞」として用いられている「こころ」という言葉の総合的な意味として、「人間の知的、情意的な精神機能をつかさどる器官、またその働き。『からだ』や『もの』と対立する概念として用いられ、また比喩的に、いろいろな事物の、人間の心に相当するものにも用いられる。精神。魂」といった説明が与えられています。

そして、この『日本国語大辞典』は、五つの大きな項目と、その各々を細分化して詳説する総計二十五の細目とに分けることによって、また『広辞苑』の方は三つの大項目のもとに総計十五の細目を設けることによって、また『大辞林』もまた三つの大項目のもとに総計十三の細目を設けることによって、それぞれ日本語「こころ」の意味を説明しています。私たちは国語学者ではないし、私たちの関心も、「こころ」の正しい使い方、人間性の回復にあるのですから、あまり些細な議論や知識に溺れることはやめておきます。また、『日本国語大辞典』の説明を全部網羅することは、あまりに詳細で煩瑣にわたるのみであって、いたずらに読者を混乱させる危険性を孕んでいるので、ここでは、『広辞苑』と『大辞林』とを参考にしつつ、『日本国語大辞典』の五大項目の分類に従って、適宜その細目を採用しつつ、説明することにします。(6)

これに従えば、まず第一に、「こころ」とは、「人間の精神活動を総合していう」(『日本国語大辞典』)、すなわち、「人間の精神作用のもとになるもの。また、その作用」(『広辞苑』)あるいは「人間の体の中にあって、広く精神活動をつかさどるもとになると考えられるもの」（『大辞林』）です。『日本国語大辞典』によれば、たとえば、これに対応する語法としては、「王《おおきみ》の心《こころ》をゆらみ臣《おみ》の子《こ》の　八重の柴垣《しばがき》入りたたずあり」（『古事記』下・歌謡、一〇七）という歌が提示されています。この歌は、次田真幸氏の説明によれば、志毘臣《しびのおみ》と袁祁命《をけのみこと》との歌垣での歌の応酬のひとまとしての、志毘臣の袁祁命に対する挑戦的な歌であるとされています。すなわち、「王子である貴方さまの心がたるんでいるので、私のような臣下が幾重にもめぐらした柴垣の中に入ってこられないでいらっしゃる」とでも訳されるでしょう。(7)

また次のような例もあります。「大夫《ますらお》の聡《さと》き心も今はなし　恋の奴《やっこ》に我《わ》れは死ぬべし」（『万葉集』一二巻・二九〇七、作者未詳）。ここでは、精神の神の字が心と同義語として使われていることに着目すべきです。さて、この歌には、恋に陥った若者の放心状態や無力状態がよく描かれています。この歌に触れるにつけ、恋という病気は、昔も今も変わらないものだと痛感させられます。否、ひょっとすると、今の若者は、こういう純粋な恋愛感情をすでに心の喪失とともに、宇宙や大自然のどこかに置き忘れてしまっているのでしょうか。また『大鏡』上・文徳天皇の項には「このみかど、天長四年丁未《ひのとひつじ》八月に生れたまひて、御心あきらかに、よく人をしろしめり」とあります。

同じ精神活動としての知・情・意の総体としても、特に表面からは分からない本心、心の本来的状態を表現する例としては、次のようなものがあります。「然らば汝《いまし》の心の清く明きは何《いか》にして知らむ」（『古事記』上）。最も重要な日本的誠の概念「清明心」は、山奥の、底まで透き通って見える水の透明さと清らかさに譬えられる「純粋無垢」な心情、大自然の美しさ・清らかさに比せられる心の清浄さを表しているのです。あるいはまた、変わりやすい人の心の不安定さ・不可解さを、紀貫之は「人はいさ心もしらずふるさとは　花ぞむかしの香ににほひける」（『古今和歌集』春上・四二）と詠じています。(8)

次に、第二の「こころ」の意味は、「人間の精神活動のうち、知・情・意のいずれかの方面を特にとり出していう」場合です。こうした、「感情、気分など、外界の条件などに反応して心理内で微妙に揺れ動くもの。情緒」を表す場合の例としては「世の中にたえて桜のなかりせば　春の心はのどけからまし」（『古今和歌集』春上・五三）という在原業平の歌があります。この歌では、残念ながら、桜が咲き散ることによって、人間の心があれこれと移り行くことが語られ、もし桜さえなければ、桜の花の美しさに喜び浮かれ、散っていくのを寂しく残念に思ったりというように、心を煩わせることもなかろうに、という気持ちが表現されています。

　あるいは、「他人に対する思いやり。他人に対してあたたかく反応する気持。情け。人情味。情愛」の例としては、「三輪山をしかも隠すか雲だにも　情《こころ》あらなも隠さふべしや」（『万葉集』一巻・一八）という額田王の歌があります。ここでは感情の情の字が心の代名詞として使われていることに注目すべきです。この歌は、雲に心（思いやり）があるならば、三輪山を隠さずに露《あら》わに見えるようにしてくれ、ということです。天智天皇が、都を近江の国に遷すので、三輪山の見納めを妨げないようにとの願いを雲に告げているのです。

　さらにまた、「詩歌、文学、芸術、情趣、もののあわれなどを理解し、それを生み出すことのできる感性。風流心」の例としては、「心なき身にもあはれは知られけり　鴫《しぎ》立つ沢の秋の夕暮れ」（『新古今和歌集』秋上・三六二）という西行法師の歌があります。西行は出家者なので、すべての人間的感情すなわち凡情を捨てたはずですが、それでもなお秋の物寂しさ、「あはれ」は肌に滲み渡って感ぜられるほど、強いものであることが明らかになっています。あるいはまた、「ことばの発想のもとになる、人間の意識や感情。言語表現を支える精神活動」の用例としては、「上古の時は、言《ことば》と意《こころ》と並朴《みなすなお》にして、文を敷き句を構ふること、字に於きて即ち難し。已《すで》に訓《よみ》によりて述べたるは詞《ことば》心に逮《およ》ばず」（『古事記』序）などがあります。

　第三の項目に従えば、「こころ」は、「人間の行動の特定の分野に関わりの深い精神生活を特にとり出していう」のです。そのうち、特に「宗教の方面に進んでいる気持。道心。宗教心。信仰心。信心」の例としては、「心こそ心迷わす心なれ心に心心許すな」（最明寺入道時頼）、あるいは「心だに誠の道に叶いなば　祈らずとても神や守らむ」（菅原道真）などがあります。さらにまた、「心より外に出雲の神もなし　此の身社と仰げ人々」（詠み人知らず）という歌も残っています。いずれも、心の持ち方次第で、人間の心が神仏の心に通ずるということが歌われています。(9)

第四の項目に従えば、「事物について『心』に相当するものを比喩的にいう」とあります。そのうち、「物事の本質的なあり方。中心的なすじみち。物事の道理」の例としては、「ここに、古へのことをも、歌のこころをも知れる人、わづかにひとりふたりなりき」（『古今和歌集』序）などがあります。あるいはまた、「ことばの意味。わけ。語義。また、詩歌文章などの含んでいる意味内容」の例としては、「ちはやぶる神世には、歌の文字も定まらず、すなほにして、ことの心わきがたかりけらし」（『古今和歌集』仮名序）といった用法があります。ここでの「心」は、物事の核心・真理・本質を意味しているのです。

第五の項目に従えば、「人体または事物について『心』にかかわりのある部分や『心』に相当する位置をいう」とあります。その①は、「物の中心。物の中央。特に池についていうことが多い。まんなか。なかご」の例として、「もとの木立、山のたたずまひおもしろき所なりけるを、池の心広くしなして、めでたく造《つく》りののしる」（『源氏物語』「桐壺」）という用法があります。さらに、その②は「人体で、心の宿ると考えられたところ。心臓。胸のあたり。胸さき」の例としては、「こころときめきするもの。雀の子飼《こがひ》。ちご遊ばする所の前わたる」（『枕草子』二九「心ときめきするもの」）などの文章があります。

以上、いろいろな意味を取り上げてみたのですが、要するに、「こころ」という言葉は、このように多種多様に使われているということです。ここでは、これ以上の細目にわたる説明の全部を網羅することはやめて、以下においては、仏教用語としての「心」、すなわち、中国語としての「心」の簡単な意味について考えることから始め、中国人が「心」と訳したサンスクリット原語としての「心」の意味について、細目にわたって考察することにしましょう。

三　仏教語としての「心」の意味

さて、「心」は、漢字としては心臓の象形ですが、一般には、知性・感情・意志などの総称として用いられ、物や身体とは区別されると考えられます。ちなみに、『荀子』解蔽《かいへい》〔蔽を解くこと、すなわち啓蒙〕編には「心なる者は形《からだ》の君なり。而して神明の主なり。令を出して令を受くる所なし。自ら禁じ自ら使い自ら奪い自ら取り自ら行き自ら止まる。故に口は劫《せま》りて墨〔黙〕して云わしむべく、形は劫《せま》りて屈《かが》みて申《の》ばしむべきも、心は劫《せま》りて意を易《か》えしむべからず。〔自ら〕是とすれば則ち受け、〔自ら〕非とすれば辞〔退〕く」(10)と書かれています。この漢文に対して、岩波文庫の金谷治氏の訳注には、以下のような現代語訳が付されています。

「心というものは肉体の君であり神明〔神秘的知能〕の主体である。自分で命令を出すが他から命令を受けることはない。自ら禁じ自ら使い自ら奪い自ら取り自ら行き自ら止まるのである。だから口はむりに黙らせたりしゃべらせたりできるし、肉体はむりに屈《かがま》らせたり伸ばさせたりできるが、心にはむりにその意思を変えさせることはできない。心自体がそれを善しとすればそれを受入れ、心自体が悪いとすればそれを退けるのである」(11)。このように、心の特質は、身体のそれとは違って、その主体性、能動性、自立性、自発性などにあることが力説強調されています。

さて、同じく、『岩波・仏教辞典』(12)に従えば、仏教においては、特に「説一切有部《せついっさいうぶ》」(13)では、心法と色法、すなわち心と物とをまったく別の存在とし、根《こん》〔器官〕・境《きょう》〔認識対象〕と心〔識、認識主観〕とを厳密に区別しました。これに対して、大乗の唯識派[14]は、色法も識が現わし出したものとして、心の中に収めているし、特に意識下の心としての「阿頼耶識《あらやしき》」を語る今日の科学的な見地においては、総じて心は脳の所産とされますが、こうした考え方は、仏教的見地とは根本的に異なるものです。なぜなら、仏教においては、色法（客体）が心法（主体）の原因となることはできず、むしろ逆でなければならないからです。

さらにまた、心に関しては、その働きの主体または中心としての「心王《しんのう》」と、その働きそのものならびにその働きの結果としての「心所《しんじょ》（心所有法）」とに大別されます。その際、「経量部《きょうりょうぶ》」[15]では、一つの心（心王）が種々に作用し、心所は心王と別に存在しない、と解されます。これに対して、説一切有部や唯識派は、種々の心や心作用が複数組み合わさって働き合うところに様々な心理現象——意識であれ、無意識であれ——が生ずるものとされます。そうした心的現象の中心となるものを「心王」と呼び、それとともに起こる個々の心作用を「心所」と名づけるのです。それゆえ、心王はただ「識」であり、心所には、必ず心王とともに起こるもの、善あるいは悪なるもの、煩悩などが含まれるでしょう。また、心王と心所の種類や分析の仕方は、各々の学派によってそれぞれ異なっています。

さて、こうした仏教的な「心」の思想を形成しているサンスクリットには、チッタ（citta）、マナス（manas）、ヴィジュニャーナ（vijñāna）、フリダヤ（hrdaya）の四種類が考えられますが、特に前三者は、それぞれ①心、②意、③識の漢字が当てられることが多いのです。チッタcittaは語源的に、種々の（citra）対象を認識するからとも、集める（cinoti）からとも解釈され、前者の場合には六識を、後者の場合には、特に唯識派では阿頼耶識を意味する、と言われます。このものは、過去の経験を集め貯蔵しているからで、それが未来の諸法を起こしていくという意味で「集起心《じゅっきしん》」とも呼ばれます。マナスmanasは、思量（思慮）する働きで「思量心《しりょうしん》」と呼ばれます。唯識派では、これは第七「末那識《まなしき》」と呼ばれます。このものは、意識の深層で働く自我執着心と解されています。ヴィジュニャーナ vijñāna またはヴィジュナプティ vijñapti は、「了別心《りょうべつしん》」「縁慮心《えんりょしん》」「慮知心《りょちしん》」などと訳されるもので、「認知し分別する」働きをなすものであり、唯識派の言う「六識」に相当します。第四のフリダヤ hrdaya は、もともと心臓を意味し、この場合には、「肉団心《にくだんしん》」と訳されますが、それはまた、「こころ」の日本語、「心」という漢字の語法と同じように、心臓に象徴されるあり方としての「中心・心髄・核心」の意味を有するものです。

人間の表象能力と想像能力が豊かであればあるほど、分析は繊細になり、微妙な相違点を見出し、次から次へと違った心のあり方を規定することができるでしょう。したがって、事態をあまりに煩瑣に陥らせないようにするには、これまでの種々の心の分析を、仏教的に一つにまとめる必要があります。これまでは、心のあり方・現象、つまり心相について述べてきたのですが、ここでは心の本性、心性《しんしょう》について語らねばなりません。原始仏教以来、心性清浄説が主張され展開され、のちにそれが自性清浄心へと転換されました。中国にも、性善説（孟子）と性悪説（荀子）とが展開されましたが、この心性清浄説は、あえて限定すれば、もちろん性善説と軌を一にするものに他なりません。ただし、仏教において注意すべきは、同じ「善」を勧め、悪を防ぐ――諸悪莫作《しょあくまくさ》・衆善奉行《しゅぜんぶぎょう》――と言っても、最終的には、善と悪といった二元論的な対象論理の地平を突破し超越することによって、「超善・超悪」の立場、善悪の彼岸に立たなければならないという点です。

四　人間的自己の本性としての「自性清浄心」

前掲『岩波・仏教辞典』に従えば、「心性清浄」の語は、中国古典『淮南子』巻十八「人間訓」冒頭にある「清浄恬愉《てんゆ》（恬愉は心が安らかで楽しいこと）は人の性なり」に基づくものです[16]。これは『大乗起信論』[17]において、「衆生の自性清浄心」とか、「法性《ほっしょう》真如の海」とか言われるものに相当します。ところで、『大乗起信論』は、「自己の本性を信じて、それを日常生活の上で実践に現すことを説く書[18]」と言われます。これに従えば、衆生の心〔「一心」〕には、不生不滅的な「心真如門〔心の真実のあり方〕」と変化変遷的な「心生滅門〔心の生滅するあり方〕」との「二門」があり、しかもこれらの二門は、一切の真理をすべておさめており、しかも不二一体的なものです。言い換えると、心真如門が常住不変の普遍的本体面であり、その変化変遷する特殊的様相面が心生滅門です。「是の二種の門は皆各々一切法を総摂《そうしょう》すればなり〔あらゆる真理を総括し包摂している〕。此義は云何。是の二門は相離れざるを以ての故なり。〔改行〕心真如とは即ち是れ一法界にして、大総相、法門の體なり〔心の真実のあり方とはすべてのものの共通な根源であり、その全現象の本体である〕。謂ふ所は心性の不生不滅なり〔心の本性、すなわち心性は不生不滅である〕[19]。そしてこの真如としての心は、本来は自性清浄心であるのだが、迷いの中にあり、無明〔無知蒙昧〕におかされて汚染された心〔染心〕となってしまうのです。「是の心は、本より已来、自性清浄なるに、而も無明あり、無明の為に染せられてあり、染心ありと雖も、而も常恒にして不変なればなり。是の故に、此義は唯仏のみ能く知るなり」〔同右、四二／四三頁〕。このように、心の本体としての自性清浄心は常住不変で不生不滅なものですから、堅固にして真実なる心の意味で「堅実心」とも呼ばれたりします。しかし、生滅変化する人間の心は、油断をすると汚染された、不浄な心になり下がるのです。したがって、大事なことは、そのつど注意深く行動することによって、できうるかぎり自性清浄心を発揮させるように工夫し用心しなければならないのです。

かくして、「自性清浄」とは、「自性として〔本来、生まれつき〕清浄なこと」の意です。仏典では、多くの場合、この「自性清浄」ということは、すでに「心」の同義語として用いられています。たとえば、「比丘たちよ、心は輝いている。ただ、客塵煩悩によって汚《けが》れている」（『阿含経』「増支部」）とあるように、「心性本浄」説が展開されています。これによると、「清浄」とは、白紙のような状態と解されます。「自性として」という言葉の内には、本来清浄ではあるが、現実には汚れているという意味が含められています。それゆえ、悟りによって客塵を離れた状態は「離垢清浄《りくしょうじょう》」と呼ばれます。垢れを離れて本来の清浄性を取り戻したという意味です（『岩波・仏教辞典』「自性清浄」）。

ところで、「客塵煩悩（āgantuka-kleśa, āgantuka-upakleśa）」とは、煩悩、つまり心を汚し、悟りの障害となる機能は、心に本来備わったものではなくて、単に一時的に付着した塵のようなものにすぎないという考え方に他ならないのです。この場合、「客（āgantuka）」とは、主人に対する客、すなわち、外から来た一時的な宿泊者を意味します。それは、自己本来のものではないということです。「塵」は、衣服に付いた汚れのように、洗い落とすことができるようなものに譬えたものです。「客塵煩悩」という言葉は、まさしく「自性清浄（心の本性が光り輝いている）」ということの対語です。ついでに言えば、「多知広学は是れ客塵煩悩とて、さとりをさふる因縁なり」（『合水集』中）とも言われます。[20]けだし、知識もあとから心に到来し、あまりに煩雑な知識は塵のようなものでありましょう。大事な知識はもつに越したことはありませんが、どうでもよいような知識は早く捨てて、頭をすっきりさせた方がはるかに健やかな気分になれるでしょう。

この自性清浄心が、自己自身にとっては外的な「無明煩悩」によって覆われている状態を説明するものとして「如来蔵（＝仏性）説」が大乗仏教において展開されたのですが、それはまた「仏性」理論の考察でもあるので、ここでは、紙数の都合もあるので、以下の引用のみに止めておきます。すなわち、「如来蔵といふはこれ真実なり」（『勝鬘経義疏』[21]）、しかも「自心に如来蔵あることを信ぜずんば、菩薩にあらざるがゆえに」（『華厳法界義鏡』[22]上）と言われます。

こうした自性清浄心とは、一言で言えば、己の内なる「ほとけごころ（仏心）」、すなわち信仰心以外の何ものでもないのですが、これもまた、様々な角度と観点から多種多様な言葉で語られています。以下において展開される心の諸形態もまた、ただ一つの「仏心」のそれぞれの実現形態に他なりません。周知の如く、『正法眼蔵』の中には、たとえば「即心是仏」「心不可得」「説心説性」「三界唯心」「古仏心」「発菩提心」「道心」「身心学道」などの名前の付いた諸巻が存在するように、道元は、「心」のありようを極めて重要視しています。

しかしながら、このような「自性清浄心」をどのようにして私たち凡夫が実現することができるのでしょうか。ここが肝心の課題であり公案です。仏教、なかんずく禅仏教は、精神的態度・姿勢を最も重要視する「心」の宗教であると同時に「行」の宗教です。先の人間性の喪失としての心のあり方の正常化は、同時に、人間における真の自己、本来の面目の回復、すなわち自己本来の姿への復帰でもあります。そこで、本章の締めくくりとして、以下において、禅における理想的人間像の探究と心の正しいあり方の問題とが表裏一体の事柄であることを明らかにしてみようと思います。

五　自性清浄心と自己本来の姿――禅的人間像の探究

道元の『正法眼蔵』の中で最も有名な言葉の一つとして「仏道をならふといふは自己をならふ也。自己をならふといふは自己をわする丶なり」（眼蔵・現成公案、一54）[23]という一節があります。禅に「己事究明」という言葉があるように、仏教一般においても「汝自らまさに知るべし（汝自当知）」（『無量寿経』）[24]、「実の如くに自心を知るなり（如実知自心）」（『大日経』「住心品」）[25]ということが旗印とされており、「本来の自己」「真の自己」を求めることが、結局は、仏教の究極目的の一つとされています。もしそうであるならば、こうした「本来の自己・真の自己」は、禅と仏教における「めざすべき、望ましい人間像」を与えるべきものでなければなりません。自心は自己の本心ということであり、君自身ということでもあり、自己本来のあるべき姿です。自心も自身も不二一体です。

ところで、西洋哲学においても、ソクラテスは、「汝自身を知れ（gnōthi seauton）」ということを座右の銘として、彼自身の哲学的倫理学の出発点としました。ソクラテスの場合、この「自己」は、倫理的に善き正しき人間像の基本とされましたが、近世の西洋哲学における「自己究明」は「考える自己」に集中され、「考える自己」の普遍性を求めました。カントも、理論哲学においては、この線に沿って、「考える自己」を「超越論的統覚」と呼び、それは「あらゆる悟性〔知性〕を使用するための最高の原理」とみなし、実践哲学においては、道徳的・理性的行為主体の確立をめざして、意志の自律の根拠を「善意志」の内に求め、この善意志の主体を特に「本来の自己」と呼びました。

さらに、話をもっと一般化して考えると、次のようにも言えるでしょう。すなわち、私たちは一般に、生まれてこのかた、自己の成長と衰退とを見てきましたが、考えてみれば、人生のあらゆる瞬間はみなことごとく、「自己を習う」機会です。しかし、本当に「自己を習う」ことに人生のあらゆる契機を用いたかどうか、個々人によって異なっているでしょう。否、むしろ、各々の瞬間が「自己を習う」契機であるべき、一切の人生航路であったにもかかわらず、「自己を習う」どころか、「自己を蔑《ないがし》ろにする」瞬間がいかに多かったか、という後悔の念の方が先立つのが常でしょう。「自己を習う」ことができなかった原因は、一言で言えば、エゴイスティックな自己の欲望に振り回された結果に他ならないのです。そこで、もう一度、冒頭に述べた、道元の『正法眼蔵』「現成公案」の一節を思い起こして、その内容を考えてみることにしましょう。

「仏道をならふといふは自己をならふ也。自己をならふといふは自己をわするゝなり」〔眼蔵・現成公案、一 54〕という二つの命題の中では、仏道修行における特徴的なことが二点表出されています。すなわち、第一に、仏道修行とは、自己の修行であること、つまり「己事究明」であることが語られています。第二に、その自己の究明が、自己を忘れるという仕方においてのみ可能であると言われているのです。

さてそれでは、第一の己事究明とはいかなることでしょうか。つまり、日常的自己存在としての私たちは、さしあたり大抵は、――ちょうど、ハイデッガーにおける「世人（das Man）」の概念に明らかなように――、あるべき自己になりきっていない、すなわち、本来の自己を忘れて、自己から逃亡しているのです。『法華経』「七喩」の一つとしての「長者の窮子《ぐうじ》」の譬えが物語っているように、私たちは、本来のあるべき自分を忘却し、そこから逃亡しようとしているのです。すなわち、『法華経』「信解品」に出てくる故事によれば、昔、長者の一子が故郷を離れてさまよい歩き、困窮して乞食となって数年後、故郷に帰り父の家の門前に立って物乞いをしていました[26]。これを見ていた父は、乞食をするものがわが子であることに気づき、家に入れて始めは庭掃除などの雑務をさせ、徐々に親近し、臨終に際しては、わが子であることを告知し、自らの家産を与えたのです。これは、衆生が本来仏であることを知らずに、妄想邪念にとらわれ振り回されて、ますます迷いの世界に流浪するのを仏が哀れんで、方便をもって教化し、ついに成仏へと導かれていくという譬え話です。しかしながら、仏とは覚者としての真実の自己、本来の自己に他なりませんので、誰も皆、これを離れては存在しえないのです。

道元のみならず、禅者はよく本来の自己となって「本来の面目」を発揮している人を、「本分人《ほんぶんにん》」「無位《むい》の真人《しんにん》」「恁麼人《いんもにん》」などと呼びますが、これらの言葉が共有している意味は、エゴへの執着からの解放であると同時に、最も自分らしい自分への立ち返りです。禅においては、自己が本来の自己に立ち返ることは、同時に自己のエゴからの解放でなければならないのです。そうでなければ、本来の自己に目覚めたとは言えません。私たちは、しばしば、他人のことを意識し、他人との兼ね合いにおいてのみ行動しようとします。いずれにしろ、見栄に振り回されているような自己は本来の自己に立ち返っていないのです。「本来の面目」は、いわば、自己が自己自身になることです。この境地は、『正法眼蔵』「弁道話」では「自受用三昧《じじゅゆうざんまい》」と呼ばれています（眼蔵・弁道話、一二）。たとえば、坐禅の境地は実際に坐禅する者だけが自ら享受することができるものであり、坐禅しない人には分かりません。しかしながら、坐禅しても自己が完全に自己自身になりきらないかぎりは、本当の坐禅にはなりません。すなわち、菩提心を発《おこ》すことなく、単に煩悩と本能だけに従うような自己に安住するのではお話になりません。『法華経』「法師功徳品《ほっしくどくほん》」の「唯独自明了《ゆいどくじめいりょう》、余人所不見《よにんしょふけん》」（菩薩は浄身において、皆、世の所有《しょう》〔あらゆるもの〕を見るに、自ら明了にして、余人の見ざる所ならん）」がまさにこれです。[27]

ちなみに、道元は、「本来の面目」と題して、次のような歌を残しています。

「春は花夏ほととぎす秋は月　冬雪さへて涼しかりけり」

これは、春夏秋冬という四季の移り変わりにちなんで、自然の現象を歌ったものですが、私たち人間もまた、この大自然の運行のように、自分自身のあるべき自己――本来の面目――を、「自然《じねん》に、爾《しか》るがごとくに」発揮し実現していくことが願わしいわけです。あるいは、道元は「坐禅」の境地を、「水清《きよ》うして地に徹《てっ》す、魚行《ゆ》いて魚に似たり。空潤《そらひろ》うして天に透《とお》る、鳥飛んで鳥のごとし」（眼蔵・坐禅箴、一 251）と述べています。つまり、魚が水中をすいすいと遊泳するように、また、鳥が大空を悠々と羽ばたくように、私たち人間もまた、自己を発揮し実現しなければならないということをこの「坐禅箴」は求めているのです。私たちの行為は、いろいろな制約や障害にぶつかり、思い通りには自己を実現することはできません。だからこそ、学校教育もまた、生徒や学生が本来の面目を発揮できるようにしていけば、それはすばらしい教育となるはずです。

しかるに、道元によると、あるいは、仏教の根本原理によると、私たちが真実の自己になり切れないのは、エゴイスティックな自己、要するに自我（小我）にとらわれているからです。それは、一切は無自性皆空であることを忘れていることに起因します。それゆえ、真実の自己――これこそ、「ブッダ（Buddha）」すなわち、「覚者」に他ならない――に目覚めることができないのは、ひとえに、「エゴ的自我」へのとらわれ・執着から解放されていないからです。この「エゴへのとらわれ・執着」からの解放を説くのが、先の道元の言葉の後半、「自己を忘れる」

ことです。これが、仏教でいう「解脱」であり、「安心立命」であり、道元における「身心脱落」であり、いわゆる「悟《さと》り」です。

その出発点として、道元は、たとえば、『学道用心集』の第四項目としての「有所得の心を用いて、仏法を修すべからざること」を説いています。さらに、道元は、「行者自身の為に仏法を修すと念《おも》ふべからず、名利の為に仏法を修すべからず、霊験を得んが為に仏法を修すべからず、但、仏法の為に仏法を修す、乃ち是れ道なり」と述べています。この「仏法の為に仏法を修す」という観点が、道元の「只管《しかん》・祇管《しかん》」すなわち「ひたすら」ということです。この精神は、日本人の純粋無雑・一心不乱あるいは至誠・赤心などと言われる伝統的な純粋な行為の根本姿勢・根本態度に呼応するものでもあります。

たとえば、臨済は「赤肉団上に一無位の真人有り、常に汝ら諸人の面門より出入す」（『臨済録』上堂）と喝破しています。その意味は、私たちのこの熱き血潮の通った、生き生きとした肉体の内に、同時に本来の自己――凡聖迷悟・上下貴賤を超越して、何者にもとらわれない自由自在な自己――が宿っているのであり、あまりにも、自己の間近にあるものだから、当たり前のことであるにもかかわらず、かえって灯台もと暗しのような状態として、大抵は自己の宝物（無位の真人）の存在を忘却しているのです。

なお、「真人」とは、もともと、『荘子』に由来する語であり、道教の理想としての純粋無垢の汚れのない、そして自由自在なあり方をしている人間を指した言葉です。たとえば、荘子によれば、「純とは、其の其の神《しん》を虧《か》かざるを謂うなり。能く純素を体《たい》する、これを真人と謂うなり」とあります(28)。すなわち、「純粋というのは、自分の心の霊妙な働きを少しもそこなわないことをいうのであるが、そうした純粋素朴さをぴったり身につけた人物こそ、真人と呼ばれるのである」ということです。

さてそれでは、そもそも真とは如何なることであったのでしょうか。荘子に従えば、「真なる者は天より受くる所以なり。自然にして易《か》うべからざるなり。故に聖人は天に法《のっと》り真を貴び、俗に拘《とら》われず。愚者は此れに反す。天に法《のっと》る能《あた》わずして、人を恤《うれ》い、真を貴ぶを知らずして、禄禄《ろくろく》として変を俗に受く。故に足らず」(29)。ここのところを分かりやすく言い換えますと、「真実というものは天から受けたものであり、自然なあり方として人為的に改めようがない。それゆえ、聖人は天の自然なあり方を模範として真実を尊重し、世俗のことにとらわれたりはしない。愚者はその反対である。天の自然なあり方を模範とすることができないで、人としての働きに気をつかい、真実を尊重すべきだということが分からないで、世俗のままに従って同化されている。だから真実が足りないのだ」となるでしょう。

道元は、同じ自由人のことを「本分人《ほんぶんにん》」あるいは「恁麼人《いんもにん》」と呼び、以下のように語っています。まず「本分人」について二つの例文を引用してみます。

「人、はじめて法をもとむるとき、はるかに法の辺際《へんざい》を離却《りきゃく》せり。法すでにおのれに正伝《しょうでん》するとき、すみやかに本分人なり」(眼蔵・現成公案、一55)。私たちが最初に真理や悟りを求めるときには、やみくもに捜し求めるけれども、実は自己自身の足元にあるのに、自己の外にばかり求めるものです。そのときには、自己は真理からはるかに隔たっているのです。もし、自己がそういう態度を逆転させたときには、つまり法の方が自己に近づいてくるので、自己は自己に立ち返り、自己は自己に落ち着いているのです。自己のエゴが止み、法が己に正伝するときには、まさしく自己は本来の自己(本分人)となっているのです。あるいはまた「本分人」について、道元は次のようにも述べています。

「若し一《いっ》の本分人に見《まみ》えば、則ち其の道を行得《ぎょうとく》し、未だ一の本分人に見えずと雖も、若し是れ深く発心せる者あらば、則ち其の道を行膺《ぎょうよう》せんことを」(『典座教訓』(30))。この文章を現代語訳しますと、以下のようになるでしょう。すなわち、「もし仏道を自家薬籠中のものにした本分人に出会えば、それに習って道を修行することができるし、たとえ本分人に出会えなくても、真心から菩提心を起こせば、典座（禅寺の炊事職）の仕事の重大さを身にしみて行いうる（行履＝身に体して行ずること、実践躬行）であろう」と。

道元は、この本分人のことを、中国の禅僧にならって、「恁麼人」とも呼んでいます。

ところで、「恁麼」とは、①もともと「その、この、こんな、そんな、このように、そのように」という意味で用いられる言葉であり、当に今話題にしている近称の指示詞です。②しかし禅特有の用法としては、「無自性不可得の本来形名なき那一物」すなわち、「何ものとも限定できない真理そのもの」の意味で用いられます[31]。したがって、「恁麼」とは、如是とか真如とか実相とか言われる禅の最高真理、つまり究極絶対の悟りそのものを意味します。そして、このような真理を自家薬籠中のものになしえた人が、「恁麼人」「本分人」「真人」と呼ばれるのです。たとえば、洞山大師の弟子の雲居道膺《うんごどうよう》大和尚は「恁麼人」について次のように語っています。

「なにをもてか恁麼人にてありとしる、すなはち恁麼事をえんとおもふによりて、恁麼人なりとしるなり」（眼蔵・恁麼、一 404）。すなわち、「どういう理由によって恁麼人であるということを知りうるのであろうか。すなわち、恁麼の真実相を会得しようとするからこそ、恁麼人であることを知ることができるのである」と。

「いはゆるは恁麼事をえんと思ふは、すべからくこれ恁麼人なるべし、すでにこれ恁麼人なり、なんぞ恁麼事をうれへん」（眼蔵・恁麼、一 402）。すなわち、「ここで言われる「そのようなこと（恁麼事）」を自らのものにしようと思えば、必ず「そのような人（恁麼人）」にならなければならないのだ。もうすでにそのような人になっているのに、どうして「そのようなこと」を憂える必要があろうか」と。

「おどろくべからずといふ恁麼あるなり。これたゞ仏量にて量ずべからず、心量にて量ずべからず、法界量にて量ずべからず、尽界量にて量ずべからず。たゞまさに「既是恁麼人、何愁恁麼事」なるべし」（眼蔵・恁麼、一 404）。すなわち、「たしかに驚くべからずという恁麼があるのである。その恁麼の真価は、仏の尺度をもってしても量れないし、ましていわんや人間の心の尺度をもってしても量れないし、尽十方界の全量をもってしてもはかれないのである。ただまさに「すでに恁麼人であるのに、恁麼のことを何ら憂えることがあろうか」という境地で振る舞うことだけが大事なことなのである」と。つまり、恁麼人と言われうる人は、すでにその時その時で事柄に徹底し、自己に徹底した生き方ができている人なので、恁麼の事柄に関して思い悩む必要はないのです。

さて、それでは、右に言われるような「真人・本分人・恁麼人」として振る舞うには、私たちはどうしたらよいのでしょうか。現実の生身の人間が、「真人・本分人・恁麼人」として振る舞うためには、あるいはそれを究極の理想として生きること、あるいは少なくとも、いつでもどこでもそれに近づかんとする誓願をもって生きることを可能にするあり方は、仏教においては特に「菩薩道」と呼ばれています（第六章参照）。そのような菩薩への目覚めを持った心は「自性清浄心」に他ならないし、それがまさしく自己本来の姿なのです。しかしながら、残念なことに、私たち凡夫はややもすれば客塵煩悩に汚染されて、本来あるべき自己の姿としての「自性清浄心」を見失っているのです。この心を持つには持っていても、それを見失ったり曇らされたりしている「自性清浄心」を十二分に働かせ、私たちが本来の自己に立ち返るためには、どのようにすればよいのでしょうか。自己が本来的に具有している「自性清浄心」は、そもそも具体的にどのような内容をもち、どのような局面においてどのような仕方で展開されうるのでしょうか。これらのことを、以下の諸章において明らかにしてみようと思います。

注

(1) 本章の一、二、三節は、拙論「『こころ』とはなにか」(『日本及日本人』一六二一号、平成五(一九九三)年盛夏号、日本及日本人社、七二〜八四頁)に基づいてできている。
(2) 金谷治訳注『論語』「為政」、岩波文庫、一九七二年第一四刷、二八頁参照。小林勝人訳注『孟子』「尽心」、岩波文庫・下巻、一九七二年第一四刷、三一八/三一九頁参照。
(3) 『永平広録註解全書』上、鴻盟社、一九六一年、三五〇/三五一頁参照。横井雄峯訳注『現代語訳・永平広録』、山喜房仏書林、一九七八年、七六頁、注一五三、注一五四参照。
(4) 佐々木信綱校訂『梁塵秘抄』三三、岩波文庫、一九九三年第四六刷、一七頁参照。薬師如来は薬師瑠璃光如来の略称であり、東方の浄瑠璃世界の教主とされ、日光・月光菩薩を脇侍として薬師三尊を構成し、十二神将を眷属(従者)とするもので、もっぱら十二の大願を発し、衆生の病苦を救い、安楽を与える如来である。
(5) Friedrich Albert Lange, *Geschichte des Materialismus und Kritik seiner Bedeutung in der Gegenwart*, 2 Bände, Iserlohn 1866(川合貞一訳『唯物論史——現代におけるその意義の批判』上下二巻、実業之日本社、一九四八/一九四九年)。『哲学辞典』、平凡社、一九七五年初版第六刷参照。
(6) 「こころ」の意味を知るために参照した辞典類は以下のものである。日本大辞典刊行会編『日本国語大辞典』、全二十巻、小学館、一九七三〜一九七六年。『広辞苑』、岩波書店、一九九一年第四版第一刷。『大辞林』、三省堂、一九八八年第一刷参照。『岩波古語辞典』、岩波書店、一九七八年第五刷。
(7) 講談社学術文庫『古事記』次田真幸全訳注・下、一九八九年、第九刷、一五二〜一五七頁参照。以下の引用も本文庫版に従う。
(8) 高田祐彦訳注『新版・古今和歌集・現代語訳付き』、角川ソフィア文庫、二〇〇九年初版、五六/五七頁参照。『古今和歌集』からの引用は、以下も本文庫版に従う。
(9) 土屋悦堂編『禅林世語集』、其中堂、一九八八年第九刷参照。
(10) 金谷治訳注『荀子』巻第十五、「解蔽〔啓蒙〕」篇第二十一、岩波文庫、下巻、二〇一二年第一七刷、一四七/一四八頁参照。
(11) 同右、一四九頁。

(12) 中村他編『岩波・仏教辞典』、岩波書店、一九八九年第一刷、一四七頁以下参照。

(13) 「説一切有部（Sarvāsti-vādin）」とは、「有部」または「説因部（Hetu-vādin）」、すなわち、存在を肯定し、因果を説く一派で、部派仏教のうちで最も優勢であった部派。「三世実有」「法体恒有」を主張し、主観的な我（人我）は空であるが、客体的な事物の類型（法）は三世にわたって実在する（我空法有・人空法有）と説いた。『岩波・仏教辞典』参照。

(14) 唯識派（vijñāna-vādin）とは、外界の事物はみな空であり、あらゆる存在はただ自己の心（識）の表れにすぎないとみなす学派で、弥勒によって説かれたとされている。ヨーガ（瑜珈）の実践を通して唯識を観ずるので、瑜珈行派ないしは唯識瑜珈行派と言われる。唯識学派の理論はのちに無着（Asanga, 四世紀頃）・世親（Vasubandu, 四／五世紀頃）の兄弟によって組織化されたものである。

(15) 「経量部（Sautrāntika）」とは、部派仏教の一派で、「経典を量（知識根拠）とする学派」という意味である。保守派の最も有力な説一切有部（略して有部）から分かれ、説転部《せってんぶ》とも呼ばれる。有部が論書を重んずるのに対して、経（sūtra）に依拠する立場である。

(16) 『淮南子』とは、中国前漢時代の劉安（前一七二〜一二二）が撰述編集した思想書で、道家・陰陽家・法家などの諸説を総合的に記述したもの。池田知久編訳注「淮南子」、講談社学術文庫、二〇一七年、第四刷、三二二頁参照。

(17) 『大乗起信論』は、馬鳴作と伝えられているが、サンスクリット文もチベット訳もなく、中国偽撰の疑いもあるが、大乗に対する正しい信心を起こさせることを目的とした、大乗仏教の概説書として仏教徒には大きな影響を与えた最重要作品の一つである。前掲『岩波・仏教辞典』、五三七頁参照。

(18) 宇井白寿・高崎直道訳注『大乗起信論』、岩波文庫、一一三頁参照。

(19) 同右、二四／二五頁参照。

(20) 『岩波・仏教辞典』「客塵煩悩」の項参照。

(21) 『勝鬘経』とは、「如来蔵」思想を説く大乗仏教の経典であり、『勝鬘経義疏』は聖徳太子が撰述したとされる『勝鬘経』の注釈書。

(22) 『華厳法界義鏡』とは、日本華厳教学を初めて体系化・組織化した凝然（一二四〇〜一三二一）の著作。明恵と並んで鎌倉期旧仏教側の学僧である。鎌田茂雄・田中久夫校注『鎌倉旧仏教』、日本思想大系15、岩波書店、一九七一年、二五五、四一一、

四九二〜四九九、五二六／五二七、五四五〜五五七頁等々参照。

(23)『正法眼蔵』からの引用は、水野弥穂子校注『正法眼蔵』、岩波文庫、全四巻、一九九〇〜一九九三年に主として従っている（ただし、引用に際しては適宜修正を加え、ルビは現代仮名づかいを用いた）。その際、出典箇所の提示に関しては煩雑さを避けるために、「眼蔵・現成公案」のように、書名と巻名とを中黒で仕切って示した。漢数字は巻号、アラビア数字は頁数を示す。

(24) 中村元・早島鏡正・紀野一義訳注『浄土三部経』上『大無量寿経』、岩波文庫、一五二／一五三頁参照。

(25)『大日経』は略称で、正式には『大毘盧遮那《だいびるしゃな》成仏神変加持経《じょうぶつじんぺんかじきょう》』（Mahāvairocana-sūtra）と呼ばれるもので、天台宗と真言宗で重宝された、密教の最重要経典である。経の説者が釈尊ではなくて、真理を仏格化した毘盧遮那如来すなわち大日如来であることが一大特色である。なお「住心品」は『大日経』の第一巻をなすものである。仏教では、「舎那」も「遮那」も使用されているが、本論では『岩波・仏教辞典』に従って「遮那」で統一する。

(26) 坂本幸雄・岩本裕訳注『法華経』上、岩波文庫、一九六八年第九刷、二二四〜二三八頁参照。

(27) 同『法華経』下、岩波文庫、一九六八年第三刷、一一八〜一二〇頁参照。

(28) 金谷治訳注『荘子』第二冊（外篇）、「刻意篇・第十五」、岩波文庫、一九八〇年第六刷、二二七／二二八頁参照。

(29) 同『荘子』第四冊（雑篇）、「漁父篇・第三十一」、岩波文庫、一九九〇年第一一刷、一五九〜一六一頁参照。

(30) 中村璋八・石川力山・中村信幸訳注『典座教訓・赴粥飯法』、講談社学術文庫、一九九一年、一一三〜一一五頁参照。

(31)『禅学大辞典』、駒澤大学内・禅学大辞典編纂所、大修館書店、一九七八年。

第二章　三界はただ心一つなり（1）

一　三界唯一心ということ

道元は、「三界唯心《さんがいゆいしん》」という考え方に関して、「釈迦大師道、三界唯一心、心外無別法、心仏及衆生、是三無差別（釈迦大師道《いわ》く、三界は唯《ただ》一心のみ、心の外に別の法なし、心、仏、及《およ》び衆生、是の三は差別なし）」。一句の道着《どうぢゃく》は、一代の挙力《こりき》なり、一代の挙力は尽力《じんりき》の全挙《ぜんこ》なり、たとひ強為《ごうい》の為《い》なりとも、云為《うんい》の為《い》なるべし」（眼蔵・三界唯心、二406）と述べています。さて、それでは、この「三界唯一心、心外無別法、心仏及衆生、是三無差別」ということは、一体いかなる意味をもつのでしょうか。道元の提唱では「三界唯心という一句で代表されるこの言葉は、釈尊一代の全力の説法であり、一代の全力説法は全身全霊を傾注した説法であり、たとえ強引に述べ立てたとしても、言うべきことを述べ立てたものである」と言われています。

ところで、この一句は、日本では、『華厳経』の言葉として簡単に片づけられているようですが、本当は、前半と後半とがそれぞれ別の、つまり二種類の『華厳経』の箇所から、しかも前半は少し変更を加えて使われているのです。すなわち、『八十華厳経』三十七「十地品」には、「仏子、此の菩薩摩訶薩、復《ま》た是の念を作《な》さく、三界の所有は、唯是《ただこ》れ一心なり」とあり、また『六十華厳経』第十巻「夜摩天宮《やまてんぐう》菩薩説偈品《せつげほん》」には、「心は工《たく》みなる画師の如く、種々の五陰を画く。一切世界の中、法として造らずといふこと無し。心の如く仏も亦た爾《しか》り、仏の如く衆生も然り。心仏及衆生、是三無差別」とあります[2]。このように、『華厳経』の偈とされる前半の二句「三界唯一心、心外無別法」は『華厳経』には出てこないので、もともとは四行句の偈頌ではなかったのです。

さて、ここで語られているような「三界唯一心、心外無別法、心仏及衆生、是三無差別」ということは、一体全体、どのようなことを意味しているのでしょうか。そのためには、「三界とは何か」、「一心とは何か」ということを理解していなければなりません。しかし、いちおう、通俗的な解釈をすれば次のようになるでしょう。欲界〔生命の世界〕・色界〔物質の世界〕・無色界〔精神の世界〕と言われる三界、すなわち世界の現象のすべては、ただ一つの心より出現した影像であり、心によってのみ存在し、心を離れて別に外境《げきょう》〔外界の対象〕が存在するのではなく、したがってこの心のほかには別に真理があるわけではない、ということです。心といい、仏といい、衆生というも、まさに心内の真理とすれば、三界同様に、「唯一心」の産物としては区別されえないのです。しかし、以上は、『華厳経』の基本的な考え方としての「三界唯一心、心外無別法、心仏及衆生、是三無差別」というスローガンの通俗的な解釈にすぎません。しかし、このスローガンの深い意味はそんなに簡単な字義通りの解釈で片づけられるような事柄ではありません。そこで私たちは、その真意〔同時に深意〕を探るために、「三界」と「唯〔一心〕」について道元が与えている詳細な解釈を深く味わってみなければなりません〔本章三と四を参照〕。

右に述べたように、古来、『華厳経』の主意である唯心縁起思想を端的に表すものとして用いられている「三界唯一心、心外無別法、心仏及衆生、是三無差別」の箇所は、サンスクリット原典によると、「この三界に属するものは唯心〔citta-mātra〕である」、「また如来によって分別して演説された、これら十二有支[3]であるところのもの、それらすべてもまた一心〔eka-citta〕に依るものである」と書かれているとのことです。また漢訳の六十巻本『華厳経』によると、「三界は虚妄にして但一心の作なり」、「十二因縁分は皆心に依る」と訳されているようです。仏教学の理論からすれば、「三界虚妄」ということは般若の空の哲学に由来し、「但一心作」ということは諸法実相の観点を意味し、「十二因縁分は皆心に依る」ということは、煩悩の塵に汚染されている現実の人間存在（十二因縁分＝十二有支の縁起によって成り立つ具体的な人間存在）は本来的には、ことごとく「清浄なる一心に依止《えじ》している」という考え方に基づいています（依止とは依託止住《えたくしじゅう》の意で、依拠し留まることである）。ここには、仏を心の内に見出し、実践的に迷える心を転換し、浄化することによって仏となることができるという仏教本来の立場がよく表現されています[4]。こうした考え方は、価値的に仏のみを真実のものとみることからして、精神的原理を実在とする唯心論とも通じるものです。心を認識作用の主体とみなせば、すべての認識作用の根源的認識としての阿頼耶識《あらやしき》（ālaya-vijñāna）（第八識）のこととなり、唯心の立場は、唯識の立場へと転換されます。けれどもそれは、主体そのものを重視するか、主体の作用・働きを強調するかの違いであって、本質的には両者は不二一体的なものです。

ところで、「三界唯一心、心外無別法」というような考え方は、西洋哲学では「唯心論（spiritualism）」ないしは「観念論（idealism）」と呼ばれます。それでは、仏教における唯心論と、西洋哲学における「唯心論」ないしは「観念論」と呼ばれるものとの間には、一体全体、どのような類似性と差異性とがあるのでしょうか。両者が全く同一であるとは言えませんが、少なくとも論理的観点の範囲内に留まれば、両者の間には、極めて近似した関係が見て取られるのです。

二　唯心論のいろいろ

はたして、『華厳経』のいう「三界唯心」は、どのような意味で唯心論であり、あるいは観念論であるのでしょうか。それとも、全然そういったものとは関わりなき発想でしょうか。たとえば、『楞伽経《りょうがきょう》』に出てくる「唯自心所現（svacitta-dṛśya-mātra）」〔ただ自心の現ずる所＝すべては自らの心の現れに他ならない〕という言葉は、『華厳経』の「三界唯心」の考えを言い表したものに他ならないでしょう。こうした言葉によって、仏を心の内に見出し、大抵の日常的人間が陥っている迷い、すなわち迷える心を仏の清浄心へと転換し浄化することが強調されているのです。人間の心の中には、このように凡夫心と仏心（自性清浄心・如来蔵）とが同時に宿っているのです。[5]

ところで、心を中心課題にすれば唯心論となり、認識作用を中心問題とすれば唯識論となります。しかし実際には、心意識という言葉もあるように、主体としての心と、その働きとしての認識とは不可分離的な関係を持っているはずです。したがって、唯心論という呼び方と唯識論という名称とは同じ事態の表裏をなしているものです。だからこそ、唯識論は、インドでは、必ずしも仏教だけの専売特許ではなくて、ヨーガ（瑜伽）行派においても主張されていました。仏教には、『華厳経』の唯心論の他にも、いわゆる「唯識学派」における「阿頼耶識（ālaya-vijñāna）」を中心とする「識（vijñāna）」一元論が展開されました。「唯識（vijñapti-mātratā）」とは、一切諸法（自己と自己を取り巻く自然界との全存在）は、自己の根底の心である「阿頼耶識」が識らしめたもの、変現したものという意味です。要するに、あらゆる存在は、ただ識、すなわち心の働きにすぎないとする「唯識」思想に従えば、心は識としてのみ存在するのであり、したがって、およそ存在するものは、純粋に識られた状態においてのみあるのであって、したがって、識または識る心を離れては、何ごとも観察しえないのです。このような考え方は、西洋哲学における「唯心論」や「観念論」の考え方に極めて類似しているように見えます。たしかに、論理的形式としては極めて類似していますが、はたして実際はどんなものでしょうか。

ちなみに、「唯心論」とは「唯物論」に対する哲学用語であって、心（精神）を非物体的なもの、物体とは区別されうる独自のものであるとみなすことによって、世界の真実在は究極においては心的（精神的）なものである、という考え方です[6]。この考え方に従えば、当然のことですが、存在よりも精神の方が、物よりも心の方がより根源的なものとされます。ただし、唯物論といえども、決して心や精神の存在を一方的に否定するわけではないのと同様に、唯心論も決して、単に物や物体、身体、事物、世界、自然などを否定し去るわけでもないのです。問題はどちらを重視しているかであって、唯心論は、一般に物が心的・精神的なものの所産であり、現れであるとするところに成り立っているのです。

「唯心論」が主に形而上学的意味において語られるのに対して、大体同じ事態に関して、認識論的意味合いにおいて語られるのが、しかも「唯物論」の反対語として用いられるのが「観念論（idealism）」です。なお、この語（idealism）が特に世界観・人生観の意味で用いられるときには、「理想主義」と訳されます。認識論的見地としての観念論は、「実在論（realism）」に対する語として用いられ、この考えのもとにおいては、認識の対象としての全存在は、結局は、人間の心がもつ観念であり、意識内容であるとみなすのです。なお idealist（イデア論者・観念論者）という語が最初に用いられたのは、ライプニッツ（1646–1716）によるベール（1647–1706）宛書簡においてであり、エピクロス（342/1–271/0 B.C.）が唯物論者（materialist）と名づけられたのに対して、プラトン（427–347 B.C.）が観念論者（idealist）と呼ばれたのです。ただし、この場合は、idealist とは、イデアすなわち形相を事物の本質とみなす哲学者の意味で使われており、したがってイデア論者（idealist）は自ずから「形相論者（formalist）」となるのです[7]。

たとえば、感覚的・現実的個物の世界としての生滅変転の現象世界と、唯一の真実在とされるイデアの世界としての永遠不滅の世界との二世界説を説くプラトンにおいては、「イデア」は個物の原型・本質・根拠であるとされます。また、「根源的一者」からの万物の発生・流出を説くプロティノス（204/5–269）においては、感覚界は超感覚界の流出・発現であり、その結果・帰結であると考えられます。唯心論は、古代から近代への展開と推移において、根源的精神を不動の実体とみなす「実体論的唯心論」から、それを能動的、創造的、機能的なものとみなす

「現実論的唯心論」へと変身したと言えるでしょう。これと同様に、古代哲学およびスコラ哲学においては、イデアは事物の本質あるいは客観的にして永遠不滅の真実在とみなされましたが、中世末期の「唯名論（nominalism）」(8)の先鞭のもとに、近世哲学においては、イデアは「イデー」または「アイディア」として、すなわち、「理念」あるいは、「表象」または「観念」として、極めて主観的・主体的変貌を遂げて用いられるようになりました。そこに近代的主観主義・主体主義の特質を見て取ることができます。

ちなみに、バークリー（1685–1753）は「存在とは知覚である（esse est percipi）」(9)と言い、カント（1724–1804）は「現象は表象（Vorstellung）である」と語り、これを受けたショーペンハウアー（1788–1860）は「表象としての世界」を考えただけではなく、「世界とは私の表象である」とさえ喝破しました。同じく、カントから出立して、カント以上に批判哲学を徹底させたと自称するフィヒテ（1762–1814）は、自我の根源的活動を「事行（Tathandlung）」と呼びますが、この「事行」とは、自我が自らを定立する働き（Handlung）であると同時に、その働きの結果としての事実（Tatsache）であるところに自我が成立することを意味しています。このように、フィヒテは、「自我」を唯一の実在として、世界はこの自我の事行の働きによって「定立」されたものとみなしました。またシェリング（1775–1854）は、この倫理的・主観的観念論（唯心論）を逆転させて、芸術的直観のもとに、美的・客観的観念論（唯心論）を打ち立てました。ドイツ観念論の完成者としてのヘーゲル（1770–1831）においては、一切の存在は唯一の絶対精神の自己顕現に他ならないものとされます。ちなみに、ドイツ講壇哲学の泰斗、ヴォルフ（1679–1754）は、バークリー流の観念論者を、「唯物論者」および「懐疑論者」と並んで「三つの悪しき学派（drei schlimme Sekten）」と批判したのですが、そうはいっても、人間的主体性への希求は、こうした「観念論的・唯心論的」思潮というものをおさえきれないものとして存続し続けるでしょう。

これに対して、仏教における唯識説においては、いろいろな学派が考えられますが、ここでは現代的な思考法にとって分かりやすいものだけを採用して、思考の糧としましょう。ひとつは、人間の心（識）として、八識をたてる考え方があります。それは、眼識・耳識・鼻識・舌識・身識・意識・末那識《まなしき》・阿頼耶識《あらやしき》の八つです。そのうち最初の五つは五感のもつ識、いわば感覚的機能であり、「意識」は、感覚を明瞭にする働き、あるいは事物を具体的に知覚する働きであり、さらには言葉を用いて思考する働きなどを司るものです。末那識は、深層に働く自我執着心であり、最後の阿頼耶識は、一名「根源識」と呼ばれることに明らかなように、自己の心や肉体、さらには自然界を生み出す根源的な心識を意味しています。こうした意識の分析・分類は、西洋哲学には見られず、仏教独特のものです。夢窓疎石は「大乗の中に或いは六識分別よりも猶微細なる処に、第七識〔末那識〕第八識〔阿頼耶識〕あることを明せり」と述べています。[10] たしかに、第七識・第八識は、いわゆる深層心理に属するものであり、無始以来、不断に活動している自我の根源ですが、もしそれらがそのままであるならば、それらはなお迷いの根源であるとされるのです。「末那の波よせてはかえす頼耶の磯も　いつしか苔の衣着にけり」という古歌があります。[11] 結局自我がエゴイズムに支配されることによって、本来は自由で清浄な心であるべき根源的な心（識）――阿頼耶識――も苔むしてきて淀み濁ったものとなるのです。

したがって、唯識学派では、こうした、いわば自然のままの根源的無意識としての阿頼耶識を転じて、無漏〔煩悩を残していないということ〕の清浄智――たとえば、それには①大円鏡智《だいえんきょうち》、②平等性智《びょうどうしょうち》、③妙観察智《みょうかんさっち》、④成所《じょうしょ》作智《さち》の四智、あるいはこれに⑤法界体性智《ほっかいたいしょうち》を加えた五智――を獲得することを説くのです。これらを説明するならば、①大円鏡智とは、鏡のようにすべてのものを差別なく映し出す智であり、②平等性智とは、自他すべてのものが平等であることを証する智であり、③妙観察智とは、平等の中に各々の特性があることを証する智であり、④成所作智とは、あらゆるものをその完成に導く智であり、⑤法界体性智とは、真理の世界の本来の性質を明らかにする智です。

以上述べたように、仏教は、なるほど一方においては「心の宗教」として非常に観念論的・唯心論的一面をもっているのですが、他方においては「行の宗教」として極めて実践的・行為的側面をも兼ね備えているのです。「行」は何といっても人間自身が己の身体をもって具体的・現実的に営むもので、決して観念的な事柄ではありません。自然科学における「実験」にあたるものが、仏教においては「修行」です。行を通じて、人間は、大自然や宇宙と一体不二であること――つまり「三界唯一心」ということ――を経験し実感し実証するのです。それゆえ、人間が全身全霊をもって行う「修行」としての経験的・体験的実証に裏打ちされて初めて「三界唯一心」なのであり、「唯識」なのであって、それは単なる認識論としての観念論でも、単なる形而上学的存在論としての唯心論でもないのです。否《いな》、それだけではなくて、さらにその上に、仏教においては「一切無自性」であるがゆえに、心の存在もまた、幻の如き、夢の如き存在であり、根本的には、心をめぐるいささかの「実体性」も前提されえないのです。つまり、仏教における唯心論（観念論）と西洋哲学におけるそれとの間には、論理的形式の範囲内に留まれば、ある種の類似性を認めることができるのですが、行の有無、空の概念（実体性の対極をなすもの）、自己の概念などを通じて、両者は根本的に分かれることになるでしょう。

三　三界とは何か

三界が語られるとき、仏教においてはさしあたり「三界火宅」（『法華経』「譬喩品」）と言われるように、三界は煩悩の火が燃え盛っている場所という意味での迷いの世界であって、これを超越していかなければならないと説かれるのです。たとえば、「それ三界は安きことなし、最も厭離すべし」（『往生要集』大文第一）、「三界は家無し、六趣〔地獄・餓鬼・畜生・修羅・人間・天上の六道〕は不定なり」（『三教指帰』下）と言われています。これは、さしあたっての通常の解釈なのですが、道元は後に述べるように、三界を単に厭離すべき「消極的・否定的世界」とのみ理解するわけではありません。むしろこの迷いの世界としての三界の中に居ながらも、その迷妄と苦悩とを包み込みながら、しかもそれを乗り越えていくところに三界即浄土となりうる大転換があるのです。なぜなら、私たちはこの三界以外のどこにも生きて行為する世界を持たないのですから。

さて道元は、『正法眼蔵』「三界唯心」の巻において、いずれも『法華経』の中から「三界」について、以下で述べるような二種類の文章を引用し解釈しつつ、自らの「三界唯心」論を展開しています。

三・一　「三界の三界を見るが如くならず（不如三界見於三界）」

この一句は『法華経』の「如来寿量品」からの引用であり、この一句における「不如」の読み方は解釈の見地によっていろいろ問題があるのですが[12]、ここでは、さしあたり、岩波文庫版『法華経』の読み方に従って前後の脈絡を併せて引用すると、次のようになっています。「如来は『如実に三界の相は、生まれること死すること、若しくは退すること若しくは出ずること有ることなく、亦、世に在るもの及び滅度する者もなく、実にも非ず、虚にも非ず、如にも非ず、異にも非ざること』を知見して、三界のものの三界を見るが如くならざればなり。斯《かく》の如き事《じ》を、如来は明かに見て、錯謬《あやまり》あることなし」（『法華経』下18）。

「三界のものの三界を見るが如くならざればなり」とは、如来は普通、世間一般の人が三界を見ているようには見ない、ということであり、そのことは、普通迷いの世界として見られている三界を悟りの契機として見ることでもあります。道元に従えば、「この所見すなはち三界なり、この三界は所見のごとくなり。三界は本有《ほんぬ》にあらず、三界は今有《こんう》にあらず。三界は新成《しんじょう》にあらず、三界は因縁生《しょう》にあらず。三界は初中後にあらず。出離三界あり、今此《こんし》三界あり。これ機関の機関と相見《しょうけん》するなり、葛藤の葛藤を生長《しょうちょう》するなり。今此三界は、三界の所見なり」（眼蔵・三界唯心、二407)。

ここの引用文は、大変難しく、読み取りにくい難文で書かれていますが、おおよそ、以下のように解説することもできるでしょう。「こうした見解が生まれるのはまさに三界においてであり、この三界は、いま初めて存在するものでもなく、新しく生成したものでもない、因縁によって生じたわけでもなく、時間的に始め・中間・後半に区別されるものでもない。三界を通じて三界を出離するのであり、いまこの三界のただ中で、働きと働きとが出会い、同じものが同じものを生長させているのである。こうした所見が生まれるのも、すべて三界を契機としてである」。

そもそも三界とはいかなるものでしょうか。普通は、三界とは迷いの世界であり、凡夫の世界である、と考えられます。すなわち、三界とは、仏教辞典の定義によれば、欲界、色界、無色界、言い換えれば、欲望の世界、物質(物)の世界、精神(心)の世界です。しかし、内容に則って詳しく分類すると、欲界(kāma-dhātu)は、欲望にとらわれた生物が住む世界、色界(rūpa-dhātu)は、欲望は超越したが、物質的条件(色)にとらわれた生物が住む世界、無色界(ārūpya-dhātu)は、欲望も物質的条件も超越し、精神的条件のみを有する生物が住む世界であるとされます。しかるに、生物はこれらの三界を輪廻する、と言われます。「輪廻する」ということは一般的・通説的解釈ですが、その現代的意味はどんなものなのでしょうか。私の解釈では、人間の住む世界としては、大体この三つしかないのですから、この世界を三つに分けて、こちらがよいとか、あちらがよいとか語っているかぎりは迷いです。逆に、この世界の中で、積極的に艱難辛苦をわが身に引き受けてそれぞれをわがこととして行為しうる人は、菩薩としての仏者であると言えるのです。

西洋の哲学者の考えを若干反省してみますと、たとえば、プラトンは、かつて、永遠不滅の彼岸的なイデアの世界と生成消滅する此岸的な現実世界とを、あるいは、カントは、経験可能な感性的な現象の世界と超経験的・超感性的な物自体の世界とを、それぞれ厳密に区別しました。しかし、ヘーゲルは、個別的・現実的なものは、すべて理性的な普遍の現れであるとして、一元的な絶対精神の世界のみを強調しました。奇しくもカール・ポパー（1902–94）という哲学者は、世界というものには、物理の世界（World 1）、心理の世界（World 2）、精神（理論）の世界（World 3）があると語っています。[13] いずれにしろ、このように人間は、その表象能力に従っていろいろな世界像を描写することができるのです。だから、仏教における三界思想も、たしかに、人間の認識対象ないしは認識能力の働き方の違いからインド人が構想したものに他ならないのです。

ちなみに、『法華経』「譬喩品」における「三界火宅」の話も、迷いと苦しみのこの通俗的人間世界を、燃え盛る家に譬え、一切衆生に対して、速やかにこの世界を出て、一仏乗の世界に遊ぶことを強調したものです。人間が現実に生き、語り、行為しているときには、物体的・身体的見地においてのみならず、諸々の感覚意識のもとに働き、さらには、それらを超えた第七識・第八識のもとに導かれ動かされているかも知れません。私たち人間ですら、私たちの無意識的力に知らず知らずの間に誘導されているかもしれないのです。これと同じように、私たちは、現代の優れた科学技術の力をもっていくら自然を分析し解明し利用し改造したところで、それは無限大・無限量の大自然のごく一部にすぎないものであり、さらにまた、私たちは自然のただ中のほんの一部の場所を占めるのみであり、私たちの企投・計算・思惟・意志・感情・願望も大自然に比べれば他愛もなく小さなものなのです。「三界火宅」の譬喩における、燃え落ちんとしている家とは、まさにそういう人間的、あまりにも人間的な世界の話なのです。

三・二　「今此の三界、皆是れ吾が有、その中の衆生、悉く是れ吾が子」

同じく、これは人口に膾炙した言葉ですが、もともと『法華経』「譬喩品」に由来するものです。エゴ意識に苛まれた私たち人間凡夫は、ややもすると、前半の「今此の三界、皆是れ吾が有」という文言を誤解して、何でもかんでも自分の思うようになることを望むのですが、後半の「その中の衆生、悉く是れ吾が子」というような気持ちにはなかなかなれるものではありません。しかし、お釈迦様は、一切衆生を大慈悲心をもって、あるときには愛し、あるときには悲しむがゆえに、母の子を思うが如くに、一切衆生を思うのです。こういう衆生無辺誓願度の願もまた、「三界の三界を見るが如くにあらず」というあり方の一つの典型であると言えましょう。

このような、大乗菩薩道的なあり方を、『正法眼蔵』「私記」の作者、蔵海は、次のように解釈しています。すなわち、「三界別の作無し、唯三界の所造なるを、三界唯一心といふ、下の提耳《ていじ》（耳に口を近づけ、面と向かいねんごろに教えること、提撕《ていぜい》）にきこえたり、三界は欲・色・無色（界）のみにおもひをかくべからず、いく無尽の法界もみな三界の内外なり。ここをもて一代の道著、一代の挙力、これ三界の云為《うんい》なり、別の強為《ごうい》にあらず」（『註解全書』六190参照）[14]。つまり、三界はと言っても、いわゆる辞典で定義されているような欲・色・無色という三界だけではなくて、無限無量の世界を呼んで三界と言うのであって、そのような仕方で、三界をわが自由なる働きの場所とする者にとっては、一切の働きは、任運（自然法爾）にそのようになる（云為）のであって、外からの、または他からの強制（強為）でそうなるのではないのです。

なお、道元は、右の一文を次のように解釈しています。

「いまこの三界は、如来の我有《がう》なるがゆゑに、尽界みな三界なり。三界は尽界なるがゆゑに、「今此《こんし》」は過現当来なり。過現当来の現成は、今此を罣礙《けいげ》するなり。

「我有」は尽十方界真実人体なり、尽十方界沙門一隻眼《いっせきげん》なり。衆生は尽十方界真実体なり。一々衆生の生衆《しょうしゅ》なるゆへに衆生なり。

「悉是吾子《しつぜごし》」は、子也全機現の道理なり。しかあれども、吾子かならず身体髪膚を慈父にうけて、毀破《きは》せず、虧闕《きけつ》せざるを、子現成とす。」（眼蔵・三界唯心、二 408/409）

今此三界における今此、今は、過去・現在・未来の中の一時期としての現在の今だけを意味しているのではなく、自己の実存を過去から支え、未来へと継承していく絶対現在の今を意味しているのです。したがって、そのような絶対現在を生きている自己においてのみ、「今此三界、皆是我有」と喝破できるのです。そのような自己は、時間的には過去・現在・未来の中の三分の一としての今ではなく永遠の今を生き、空間的にはこの身体的・精神的限界の中に押し込められるのではなく、全世界を自己の遊戯の道場として、あらゆるものを自己の体とし、眼とし、手足として自由自在に躍動することができるのです。そのような大丈夫の働きに出会いうる者は、子が父や母に全面的に生かされているように、「子也全機現の道理」を如実に実現することができるでしょう。言い換えれば、「今此の三界、皆是れ吾が有、その中の衆生、悉く是れ吾が子」と言いうるような大力量の働きがあるところで初めて、父も真の父となり、子もまた本当の子となりうるのです。

ところで、道元は、このことに関して、『仁王般若波羅密経』上「菩薩教化品」の中の次のような一文を引用しています。「諸仏応化の法身も、また三界を出でず。三界の外に衆生なし、仏の何の化する所かあらん。是の故に我れ言ふ、三界の外に別に一衆生界蔵有りといふは、外道大有経《げどうだいゆうきょう》中の説なり、七仏の所説にあらず」。ここで、道元は、三界をおいて他に仏世界もない、それどころか、三界の他に何か別の世界がまだあると考えるのは仏教の立場ではなく、外道のそれに他ならない、と明言しています。私たち人間にとっては、すなわち肉体も欲望も迷いも同居する人間存在にとっては、この三界以外に生きる場所も仏道を行ずる場所もないということも真実です。したがって、「三界火宅」を逃げ出て、安穏な所に到るように『法華経』が書いているとしても、何も安心立命の場所が三界の外に本当にあるわけではないのです。心の持ち方一つで、自らの場所が「火宅」ともなるし、あるいはまた「帰家穏坐」ともなりうるのです。この世界を、「三界火宅」のままとするか、これを転じて「極楽浄土」に展開するか否かも、私たち自身の態度・姿勢のあり方如何に、あるいは力量次第にかかっているのです。それには、唯心の捉え方をよく弁えておかねばならないのです。

四　唯心とは何か

四・一　一切が心である

道元は、自らの捉える「三界唯心」あるいは「唯心」あるいは「心」のあり方について、「三界唯心」の巻で次のように語っています。

「唯心は一二にあらず、三界にあらず。出三界にあらず、無有錯謬《むうしゃくびゅう》なり、有慮知念覚《うりょちねんかく》なり、無慮知念覚なり。牆壁瓦礫《しょうへきがりゃく》なり、山河大地なり。心これ皮肉骨髄なり、心これ拈花《ねんげ》破顔なり。有心あり、無心あり。有身の心あり、無身の心あり。身先の心あり、身後の心あり。身を生ずるに胎卵湿化《たいらんしっけ》の種品《しゅほん》あり、心を生ずるに胎卵湿化の種品あり。青黄赤白《しょうおうしゃくびゃく》これ心なり、長短方円これ心なり。生死去来《しょうじこらい》これ心なり。年月日時これ心なり。夢《む》幻空花《げんくうげ》これ心なり、水沫泡焔《すいまつほうえん》これ心なり、春花秋月これ心なり、造次顛沛《ぞうじてんぱい》これ心なり。しかあれども、毀破すべからず、かるがゆゑに諸法実相心なり、唯仏与仏心なり。」（眼蔵・三界唯心、二411/412）

ここでは、およそありとしあらゆるものが「心」として捉えられていますが、まとめると、以下の四項目に分類されるでしょう。まず第一に、心は数的に数えられるものではない、したがって、内外もなく、また誤謬の有無にもかかわらず、はたまた意識活動（慮知念覚）の有無にもかかわらず、一切を貫いているがゆえに、とりとめもない日常的存在（牆壁瓦礫）や人間を取り巻く環境世界（山河大地）もまた心として捉えられるのです。次に第二に、人間的な身体的・精神的全活動の一挙手一投足、身体の動きや意識の働きのすべて（皮肉骨髄、拈花破顔、有心、無心、有身、無身、身先の心、身後の心）が、心の代名詞となるのです。第三に、対象の存在様態（青黄赤白、長短方円）、あるいは人や万物の栄枯盛衰（生死去来）やはかなさ（夢幻空花、水沫泡焔）あるいは時間的推移（年月日時、春花秋月、造次顚沛）もまた心とされます。しかし、そのように考えると、心は壊れ破れるように思えるけれども、そうではないのです（毀破すべからず）。なぜなら、第四に、結論として、心とはまさに「諸法実相心」であり、「唯仏与仏心」であるからです。

そもそも、唯心思想や唯識思想の論理からしても、「有る」もの、「悉有」は、みな心や意識の対象となって初めて内容を獲得し、認識や知の対象となりうるのであり、それらが意識や知覚の対象とならないならば、私たち人間にとっては、たとえ存在していても、存在しないに等しいのです。しかも、ここでは、それが仏教的な心（諸法実相心・唯仏与仏心）によって捉えられたかぎりでの牆壁瓦礫であり、山河大地であるがゆえに、なおさらのことです。

したがって、「三界の三界を見る如くにあらず」という見地は、山河大地を一大仏性海として見立てる観点と同じことです。「露柱燈籠」や「牆壁瓦礫」のごときものでさえ、「古仏心」そのものとみなされているのです。こうした考察の言い回しが可能となるためには、ひとえに、人間の精神的態度が、「無心」としての「唯心」の立場、したがって三界唯一心の観点に徹底していることが必要なのです。このように三界唯心は、日常的で具体的なものの内においても道得されえなければならないのです。

四・二　「三界唯心、君は何と理解しますか」

ちなみに、道元は、玄沙院宗一大師と地蔵院真応大師との間の次のような問答を、同じく「三界唯心」の巻で引用しています（眼蔵・三界唯心、二 412/413）。

玄沙院宗一大師（玄沙師備、八三五～九〇八）、地蔵院真応大師（羅漢桂琛、八六七～九二八）に問うて云《いわ》く、「三界唯心、汝作麼生《そもさん》か会《え》す（三界唯心ということを君は何と理解するか）」。

真応椅子を指して曰く、「和尚遮箇《しゃこ》を喚んで什麼《なに》とか作《な》す（和尚さんはこれを何と呼ばれますか）」。

大師云く、「椅子（それは椅子だよ）」。

真応曰く、「和尚三界唯心を会《え》せず（和尚さんには三界唯心ということが分かっておりませんね）」。

大師云く、「我遮箇を喚んで竹木と作す、汝喚んで什麼《なに》と作す（私はこれを喚んで竹木となすが、君はこれを何と喚ぶのか）」」

真応曰く、「桂琛《けいしん》もまた喚んで竹木と作す（私、桂琛もまた竹木と喚びます）」

大師云く、「尽大地一箇の会仏法人《えぶっぽうにん》を覓《もと》むるに不可得なり（全世界の中に一人として仏法の分かる奴がおらんな）」。

以上のごとき、やや謎めいた禅問答に対する道元の解釈の文章は、極めて晦渋であり、なかなか理解しにくいのですが、要するに次のようなことが語られています。大事なことは、大師の「喚遮箇作竹木《かんしゃこさちくぼく》（遮箇を喚んで竹木となす）」の道得と真応の「亦喚作竹木《やくかんさちくぼく》（亦《また》遮箇を喚んで竹木となす）」の道得とが「同なりや不同なりや、是なりや不是なりやと参究すべきなり」ということです。さらにまた、最後の大師の道得「尽大地覓一箇会仏法人不可得《じんだいちみゃくいっこえぶっぽうにんふかとく》（尽大地、一箇の会仏法人を覓《もと》むるに不可得なり）」に関しても、「この道取をも審細に弁肯《べんこう》すべし」であり（眼蔵・三界唯心、二 415）、しかも、このことを、次のような仕方で参究しなければならない、と道元は解釈しています。

「しるべし、大師もたゞ「喚作竹木」なり、真応もたゞ「喚作竹木」なり。さらにいまだ三界唯心を会取せず、三界唯心を不会取《ふえしゅ》せず。三界唯心を道取せず、三界唯心を不道取せず。
しかもかくのごとくなりといへども、宗一大師に問着《もんじゃく》すべし、「覓一箇《みゃくいっこ》会仏法人不可得」はたとひ道着すとも、試道看《しどうかん》、なにを喚作してか尽大地とする。」（眼蔵・三界唯心、二415/416）

ここには、道元の禅者としての面目躍如たるところが表現されています。いちおうは、大師も真応も立派な禅者として許されているのですが、さらに、それでは満足せずに、それを越えていく（仏向上）ところに真の仏が現成するということ、したがって、三界唯心に関しても、椅子を椅子として理解することが本当にそのことの理解なのか、不理解なのかと反省工夫するところにも、禅の向上があるという口吻がこの文章においても表現されているのです。絶えざる向上の道なしには、禅の面目はありません。まさしく、「見、師と斉《ひと》しきは、師の半徳を減ず」（『碧巌録』十一）と言われる所以です。そのためには、「三界唯心」という問いが、自分が毎日使用している椅子のように、本当に自分自身の問いとなり、その問いが自分自身の滋養分となり、自己自身を育ててくれる栄養となるまでに、その問いを自家薬籠中のものとしなければならないのです。

ところで、仏教においては、心といっても、仏といっても、衆生といっても、これら三者が直ちに無差別的なものとみなされているのです。その論理は、すでに述べた「自性清浄心」と「自性清浄」あるいは「仏心」と「仏」、要するに、「仏」と「心」との関係においても明らかです。ちなみに、『正法眼蔵』の二番目に古い注釈書『御抄』(15)は、「心仏及衆生、是三無差別」ということを次のようにコメントしています。

「三無差別とは、心と談ずるとき、心外無別法、仏と談ずるときは仏の外に物なく、衆生と談ぜむときは全衆生なるべし、ゆへに無差別也。又心仏衆生許《ばかり》(16)の三に不可限也。同経の次詞に、如心仏亦然とあり、経文分明なるべし、心と仏と衆生と此三を取り合わせて、無差別と談ずるにてはなき也。是祖門所談なるべし。心仏及衆生是三無差別は理事には争仏与衆生差別なかるべき、なむと談ずる筋もあるが、是等皆非用義也」（『註解全書』六191）。この詮慧の解釈で言われていることは、要するに、心と仏と衆生を三つに看て、それらが皆無差別というのではなくて、心と言えば心の内にすべての真理が言い尽くされており、あえて衆生や仏などと言い足す必要はないのであり（無差別也）、すべては仏性の現れなのだから、心・衆生・仏などと区別するには及ばないのです（不可限也）。しかも、そのような「三界唯心」の生き方を支える世界観として仏教には、「山河をみるは仏性をみるなり」というう「自然仏性論」というものがあります。そのような仏性論を確信する自己は「尽大地的自己」以外の何ものでもありません。次にはこの問題に触れておかねばなりません。

五　尽大地的自己と唯心思想

五・一　尽大地的自己

無念無想とかいうことも、結局は、一つは人間的エゴイズムの打破によってのみ可能な事態です。私たち人間はいつでも、自己意識をもち、その自己（自我）意識にとらわれ、そのために振り回されることがよくあります。したがって、そういう小我にとらわれた狭量なエゴ的意識を打破するために、大地自然の広大無辺さという実例をめざすのです。もし、唯一心と言うとき、その心が単にエゴ的意識であり、世界がそうしたエゴ的心の産物であるならば、そこには、迷妄と誤謬が蠢いていることになります。そうすると、こうした三界唯心も根底から、いわゆる日常的心意識としての人間的自己のあり方を打破するようなあり方——戦略——がなければなりません。それが、「無心」とか「非思量」としての「自己」の問題です。[17]

いずれにしろ、「山水経」とか「無情説法」とか「溪声山色」ということが成り立ちうるためには、どうしても、人間と自然との一体感が必要です。こうした一体感は、心からみれば、三界唯一心という華厳経的世界観と、すべては識の産物としての世界に他ならないという唯識学派的世界観とが支えとなってくるでしょう。人間と自然との共生的一体感としての唯心論的世界観が成り立ちうるためには、自然に対する、自然とは全く別のものとしての主観主義的自己ではなくて、大自然と一体的に存在する尽大地的・宇宙的自己が中心に立たねばなりません。

さてそれでは、尽大地とは何か。道元に従えば、「尽大地のことばは、ときにも、としにも、心にも、ことばにも、したしくして、ひまなく親密なり。かぎりなく、ほとりなきを、尽大地といふべきなり」（眼蔵・唯仏与仏、四456）。私たちがこの世に存在し生かされているということは、つねに尽大地とともにあるということです。「山河大地と諸人とおなじくうまれ、三世の諸仏と諸人とおなじくおこなひきたれり」（眼蔵・唯仏与仏、四458/459）と道元は喝破しています。なんとすばらしい提唱ではないでしょうか。これらの提唱の深意をしっかりと理解し、自らの修行に直結させなければなりません。私たち人間とこの尽大地（大自然、大宇宙）とは不可分離的関係の内にあるのです。人間と宇宙との不二一体的関係は、決して単なる「一卵性双生児[18]」というようなおこがましい関係ではなくて、せいぜい子と母のそれでなければなりません。なぜなら、人間は広大無辺な大自然からみればまことにちっぽけな存在だからであり、したがって、人間は自然の子ということは言えても、自然が人間と兄弟などと厚かましいことを言う資格は人間には全くありません。

否、むしろ、そういう人間中心主義的関係において自然を考察すること自体が、人間の不遜極まりない錯覚であり、真実を言えば、自然は人間を超えた存在であり、人間的範疇をもっては表現し切れないものです。けだし、人間は自然によって生かされているのであって、人間が生まれる前にも死んだ後においても自然は厳然と存在するのですから。道元に従えば、「又三世諸仏は、すでにおこなひて道をもなり、悟りをもをはれり。この仏と我とひとしとは、いかに心うべき。まづしばらく仏の行をこころうべし。仏の行は、尽大地とおなじくおこなひ、尽衆生ともにおこなふ。もし尽一切にあらぬは、いまだ仏の行にてはなし。

然あれば、心をおこすより、さとりをうるにいたるまで、かならず尽大地と尽衆生と、さとりもおこなひもするなり」（眼蔵・唯仏与仏、四 460）と言われる所以です。

五・二　仏性海としての大自然——心と仏との不二一体性

右に述べたような、尽大地的自己の見地から一切を考察すれば、大自然としての山河大地はそのままで、仏の姿（仏身）、仏の心（仏心）、すなわち仏性の現れ働く姿とみなすことができるのです。たとえば、道元は、『正法眼蔵』「仏性」の巻の一節において、山河大地と仏性との関係を以下のように解釈します[19]。

「第十二祖馬鳴《めみょう》尊者《そんじゃ》、十三祖のために仏性海をとくにいはく、山河大地《せんがだいち》、皆依建立《かいえこんりゅう》、三昧六通《ざんまいろくつう》、由茲発現《ゆうじほつげん》（山河大地、皆依って建立し、三昧六通、茲《これ》に由《よ》って発現す）」（眼蔵・仏性、一 79/80）。この引用文における馬鳴尊者の言葉に従えば、山河大地は皆ことごとく仏性によって建立されている、仏菩薩が定慧（三昧）の力によって得るところの神通力は仏性によって発現する、仏性を経由して、仏性を源として現れ来るというのです。この馬鳴尊者の仏性論を、道元は以下のように解釈しています。

「しかあれば、この山河大地、みな仏性海なり。皆依建立といふは、建立せる正当恁麼時、これ山河大地なり。すでに皆依建立といふ。しるべし、仏性海のかたちはかくのごとし。さらに内外中間にかかはるべきにあらず。恁麼ならば、山河をみるは仏性をみるなり。仏性をみるは驢腮馬嘴《ろさいばし》をみるなり。皆依は全依《ぜんえ》なり、依全《えぜん》なりと会取し　不会取するなり。」（眼蔵・仏性、一 80）

さて、海は大きなものの譬えであり、すべての川が最終的に海に流れていくように、ありとしあらゆるものは、仏性の海に帰着帰入するものです。仏の眼、仏の心から見れば、世界そのものが仏性海以外の何ものでもないのです。仏性海としての山河大地とは、まさしく仏性が仏性として躍動している姿が山であり河であるというところに成り立つべきものです。海で魚がピンピン跳ねているように、仏性海においては山河大地が山河大地として生き生きと現前しているのです。山河大地が山河大地として生き生きと現前していることによって、仏性が生き生きと現前し働いているのです。

仏性海としての山河大地においては、いつでもどこでも仏性が現前しているのです。ここまでは仏性があって、これから先は仏性がないということはありえないのです。仏性海には地獄もブラックホールもないのです。仏性が至るところにあるがゆえに、そこは仏性海と言えるのです。「内外中間」という区別がないからこそ、たんに山河大地を見ることのみならず、ロバの顎（驢腮）、馬の口（馬嘴）を見ることすらも仏性を見ることに等しいということになるのです。素晴らしい景色であろうと、さしたる価値もおかれない日常的存在であろうと、委細かまわずに仏性は現前しているのです。

だからこそ、存在するものすべて、見られるものすべてが仏性であるのです。皆依を全依と言い換えて、すべてであると言っています。全依と言うと、ひっかかりが出てくるので、依全なりとひっくりかえして言っているのです。これは道元独特の表現方法です。「会取する」と言うだけでよいのに、「不会取するなり」とわざわざ言っているのは、理解することも、理解しないことすらも、すべてが仏性の働きと姿であるということです。それらは、仏性海からは漏れるものが何もない、ということを言い表している言葉です。

このように考えてくると、いまや次のことが明らかとなってきます。すなわち、自己の心を「自性清浄心」とみなす考え方と、大地自然を「仏心・仏身」とみなす考え方とは軌を一にしているのです。つまり、自己の心が仏心としての「自性清浄心」として働くときにのみ、全世界ならびに世界の中のすべては「清浄身」として映り、「渓声山色」としての尽大地は、それ自身で「山水経」となり、「無情説法」を展開することができるのです。自然をいたわるとか、自然を大切にするとかいうことは、母なる大地としての大自然の恩恵を考えれば当然のことですが、日頃は私たちはその大恩をわすれています。

ちなみに、「六根清浄、お山は晴天」という言葉がありますが、このような表現の根底には、私たち各自銘々の心がけが正しければ、言い換えると心根が清浄に保たれているならば、お天道様もそれに感応道交して、空も晴れてくるという考え方、むしろ願いが存しているのです。まさしく「心清浄なれば、国土自ずから清し」と言われる所以です。

六　三界はただ心一つなり、という生き方

西行には、次のような歌があります。「山深くさこそ心は通ふとも　住まであはれは知らんものかは」。一般に、当事者の苦難を経験したことのない第三者の立場は無責任なものであり、好きなことを勝手に言い立てるものです。それと同じように、評論家諸氏には、作者の本当の苦労は分からないのです。実際に悪戦苦闘して作った者でなければ、作者の苦労は知るよしもないのです。西行のように、奥深い山里に住んだ者でなければ、その侘しさ、寂しさは分からないのです。実際に外国に住んだ者でなければ、外国生活の不便さ、不都合さ、寂しさなどは分かりません。それでも、心の持ち方によって、外国生活も楽しいもの、貴重なものとなりうるのです。それは何も外国での生活には限りません。どこに住んでいても心構えこそが大事なことなのです。

実際問題として、私たちが自らの人生をおくるとき、どのような心持ちで時々刻々を過ごしてゆくかによって、

楽しくもなり悲しくもなるし、諦めもつくし地団駄を踏んで悔しがりもするのです。高杉晋作は「面白きこともなき世を面白く」と上の句を詠み、野村望東尼は、これに下の句「すみなすものは心なりけり」と付け加えました。人生は心の持ち方一つで、ある程度の困難は切り抜けられることでしょう。たとえば、世の栄達出世競争に破れて、日野の里に草庵を結び隠遁生活を送っていた鴨長明は、その著『方丈記』の一節で次のように語っています。[20]

「それ、三界は、ただ、心一つなり。心もし安からずは、象馬七珍《ぞうめしちちん》もよしなく、宮殿《くうでん》・楼閣《ろうかく》も望みなし。今、さびしき住まひ、一間《ひとま》の庵、自らこれを愛す。おのづから、都に出でて、身の乞匃《こつがい》と成れる事を恥ずといへども、帰りてここに居《お》る時は、他の、俗塵に馳《は》する事をあはれむ。

もし、人、この言へる事を疑はば、魚《いを》と鳥との有様《ありさま》を見よ。魚は、水に飽かず。魚にあらざれば、その心を知らず。鳥は、林を願ふ。鳥にあらざれば、その心を知らず。閑居《かんきょ》の気味も、また同じ。住まずして、誰か悟らん。」

ここで言うように、たしかに、自分の世界のあり方は自分の心一つで決まるものです。心がもしも安穏でないならば、つまり、安心立命していないならば、どんな高価な宝物・貴金属を持っていようとも、あるいはどんなに素敵な家屋敷に住んでいようとも、少しも落ち着かず、次から次へと欲望の炎は燃え盛ることでしょう。こういう意味では「少欲知足」ということこそが最高の悟りです。その悟りさえあれば、身は「乞食」であろうと、家は「草庵」であろうと、豊かな充実した人生を送ることができるでしょう。鴨長明は、右に言うように、自分の隠遁生活を、魚が水を愛し、鳥が林を愛するのに譬えています。鳥魚の比喩は、禅においてはしばしば「安心」や「解脱」のあり方として考えられています。それは、大自然と一体化した生活態度の典型でもあります。このような考え方が出てくるのみではなく、最も典型的な悟りの姿として摘出されるのは、そもそも仏教的世界観においては、自然全体が一つの「大仏性海」と考えられているからに他なりません。

注

（1）本章の一節、二節、六節は、拙論「『こころ』とはなにか」、『日本及日本人』一六一五号、平成五（一九九三）年盛夏号、七二～八四頁、特に第四／五章に基づいている。

（2）安良岡康作訳注『方丈記』、講談社、学術文庫四五九、一九八四年第四刷、二〇二～二一〇頁参照。『岩波・仏教辞典』「三界唯一心」参照。

（3）十二有支も十二因縁も十二支縁起も同義であり、①無明（無知）、②行（潜在的形成力）、③識（識別作用）、④名色（名称と形態）⑤六処（眼耳鼻舌身意の六根）、⑥触（接触）、⑦受（感受作用）、⑧愛（渇愛・妄執）、⑨取（執着）、⑩有（生存）、⑪生（生まれること）、⑫老死（老い死にゆくこと）の十二項目から成り立つ因果論である。なかでも、①②を過去の因、③から⑩までを現在の果にして未来に対する因、⑪⑫を未来の果というふうにみなす考え方がある（説一切有部）。なお、①から⑫へと進む考え方を順観、「流転の縁起」といい、⑫から①へと進む考え方を逆観、還滅《げんめつ》の縁起という。

（4）『哲学事典』、平凡社、一九七五年、初版第六刷、「唯心」参照。

（5）『岩波・仏教辞典』や前掲『哲学事典』の関連諸項目参照。以下の「唯識」説についての説明に関しても、これらの辞（事）典類を参照した。

（6）この段落ならびに以下の段落における「唯心論」と「観念論」の説明に関しては、前掲『哲学事典』参照。

（7）前掲『哲学事典』「観念論」参照。

（8）唯名論（nominalism）とは、中世スコラ哲学の普遍論争における考え方の一つであり、概念的思惟の対象たる普遍を個物に先立つ実在であるとみなす実念論（概念は実在するという考え方）に対して、個物こそが実在であり、普遍とは単に物のあとにある名称にすぎないとみなす考え方は、名目論とも呼ばれ、代表的思想家はオッカム（William of Ockam, 1285?-1347〔49?〕）である。

（9）Cf. George Berkeley, *A Treatise Concerning the Principles of Human Knowledge*, The Open Court Publishing Company, La Salle. Illinois 1963, Reprint Edition, Chicago, p. 31. 大槻春彦訳『人知原理論』岩波文庫、一九五八年。

（10）夢窓国師『夢中問答集』川瀬一馬校注・現代語訳、講談社、一九七六年発行。ならびに『岩波・仏教辞典』「八識」の項参照。

（11）鎌田茂雄『禅とはなにか』、講談社、学術文庫、一九八二年、三八／三九頁参照。

（12）坂本幸男・岩本裕訳注『法華経』下、岩波文庫、三四三頁参照。以下では、『法華経』下343と略記する。

（13）カール・ポパー著・森博訳『客観的知識』、木鐸社、一九七四年、第三／四章参照。Karl Popper, *Objective Knowledge*, Oxford 1972. 長尾龍一・河上倫逸編『開かれた社会の哲学―カール・ポパーと現代――』、未來社、一九九四年、二〇二～二〇四頁参照。

（14）『註解全書』とは、『正法眼蔵註解全書』全十巻＋別巻一（無我山房、一九一三／一九一四年）を意味し、漢数字は巻号、アラビア数字は頁数を意味する。以下同様。

（15）『御抄』は『正法眼蔵抄』の略称であり、経豪著（一三〇八年刊）、三十巻。道元の直弟子詮慧はつねに師匠道元の膝下にあって、提唱を書き留めて、これを『正法眼蔵御聴書』（『御聴書』とも）としてまとめたが、詮慧の弟子の経豪も直接道元の提唱を聴き、師詮慧の『御聴書』に基づいて懐奘編の『正法眼蔵』七十五巻に注釈を施し、これを『正法眼蔵抄』と名づけた。

（16）許（ばかり）は語末の助字で、数詞や指定詞につけて、上下に幅のあることを認める言葉である。「おおよその程度である」ということを示す助詞。藤堂明保編『学研・漢和大辞典』、学習研究社、一九九〇年第二八刷参照。

（17）有福孝岳『道元の世界』、大阪書籍、一九八五年、後篇第三章参照。ならびに有福孝岳『「正法眼蔵」に親しむ』、学生社、一九九一年、第一、二、三章参照。

（18）岩田慶治『道元の見た宇宙』、青土社、一九八四年、一六二～一九六頁参照。

（19）有福孝岳『「正法眼蔵」に親しむ』第一章参照。なお、筆者の考えるところによると、このように「山河をみるは仏性をみるなり」という考え方は、一般に、古代においては、東洋、とりわけ日本の諸宗教において大自然がそのまま神の如き威力・神々しさ・純粋さ・気高さ・偉大さ・広大無辺さ・無尽蔵性などをもつものとして、あるいは神そのものとしてみなされてきたことと軌を一にしているであろう。上掲書、第二章、四八～九四頁参照。

（20）前掲書、安良岡康作訳注『方丈記』、二〇二～二一〇頁参照。拙論「無常観とニヒリズム」、『理想』第六三三号、理想社、一九八六年、九八～一一七頁参照。

第三章　心と魂の問題——即心是仏の意義(1)

心の働きは、自我の意識や感覚によって気付かれたり実行されたりしますが、そもそも心の奥底には何があるのでしょうか。その奥底には何もないかも知れないのですが、私たちはこれを魂と呼んでいます。少なくとも、心というものの働きが存する以上は、その働きの根拠ないし原因がなければなりません。心については、「心とて人に見すべきものぞなし　されども常に働きにけり」と言いうるのみです。心ないしは魂があるからこそ、人間の意識活動が可能となるのでありまして、心の本体無くしては、人間の諸々の意識活動は不可能だと思われます。そうすると、心は身体の死滅によって働きをやめるのでしょうか。身心一如ならばそうなるでしょう。心の基体としての魂を考えるとき、事柄が大変厄介なものとなります。おそらくあらゆる宗教において、魂の救済のみが永遠の課題でありましたし、課題であり続けるでしょう。たしかに、身体が滅ぶと考えるのは当然としても、魂に関してはむしろ不死不滅を望むのが通俗的な考え方であり、歴史を遡れば遡るほど、あるいは原始的な民族ほどその傾向が強いものです。しかし、必ずしも原始民族に限らず、プラトン以来のヨーロッパの哲学者ですら、大真面目に魂の不死を確信し論証しようとしました。本章では、魂としての心の問題について考え、最後の落ち着き所を、道元の「即心是仏」論に求めたいと思います。

一　魂とは何か

さてそれでは、不死の主体としての「魂」とは一体いかなるものでしょうか。『日本国語大辞典』によると、「たましい（魂・魄）」とは、「人間、さらにはひろく動物・植物などに宿り、心のはたらきをつかさどり、生命を与えている原理そのものと考えられているもの。身体を離れて存在し、また身体が滅びた後も存在すると考えられることも多い。」とあり、また『広辞苑』によると、「たましい」とは、「動物の肉体に宿って心のはたらきをつかさどると考えられるもの。古来多く肉体を離れても存在するとした。たま。精霊。」とあります。これらの辞典の主張するところに着目するならば、はたして植物に魂を認めるか否かというところで議論が分かれていることが明らかとなります。しかし、この問題に関して詳細で緻密な議論を展開することは容易なことではありません。何はともあれ、魂の定義として最も興味深くかつ最も特徴的なこととして、ことさら動物に魂を認めることによって、肉体と霊魂とのコントラストと緊密な結びつきとが浮き彫りにされているという事態そのものに着目しなければなりません。なぜなら、動物は、その漢字「動く物」からも明らかなように、さしあたって極めて肉体的な存在者であるにもかかわらず、自らの肉体・身体の動きが畢竟するに心・魂によって支配されているという点において、その「からだ」の内に「たましい」の存在を最も優れた仕方で認めることができるからです。

ちなみに、アリストテレス（384/3-322/1 B.C.）は、魂の本質を「生物（動物）の原理」として確保しようとしたり、あるいはまた「魂は、生きている物体の原因にして原理」とも言っています（*De Anima*, 402a, 415b）[2]。たとえば、ラテン語 anima（魂）から派生した英語 animate は「生命を与える、活気づける、鼓舞する」などを意味し、inanimate は「無生物の、生命のない、活気のない」などを意味します。なお、アリストテレスは、有魂と無魂とを分かつ二大特徴として「運動」と「感覚」とを挙げています（同書、403b）。つまり、「魂」は、極めて「生物的・生命的」特質を表し、少なくとも「身体的・肉体的」活動性の原動力であり源泉であるとみなされているのです。まさしく、魂は、「それによって我々が第一義的な意味で生き、感覚し、また思惟するところのもの」なのです（同書、414a）。

次には、魂が身体を離れて、他の生命体にも働きかけるということ、あるいは正しくは働きかけてほしいと請い願っている気持ちを表している短歌三種を借りて、身心分離の考え方を紹介しておきましょう。

①「たましひや草むらごとに通ふらん　野辺のままに鳴く声ぞする」(3)。この歌の意味はおよそ次のように理解できるでしょう。「あなたを恋い慕って泣いている私の魂の声が通じたのでしょうか、その私の魂に同情して、野辺のあちこちで虫が鳴く声が聞こえるではありませんか」。ここでは、「魂」が、単に自我の如く、私一個の身体のうちで働くことができるにすぎないものとは違って、もっと広い範囲にわたってその場に存在している、ありとあらゆる事物、しかもここでは、虫という生き物、特に動物に働きかけているんだ、というふうに作者（兵部卿の宮）は歌っているのです。

②「たましひはあしたゆふべにたまふれど　我《あ》が胸痛し恋の繁きに」（『万葉集』、巻第十五、三七六七、狭野《さのの》弟上《おとがみの》娘子《おとめ》）。この歌の作者と結婚したとされる中臣《なかとみの》朝臣《あそみ》宅守《やかもり》の歌「我《あ》が身こそ関山越えてここにあらめ　心は妹に寄りにしものを」（同、三七五七）（たとえ我身は関所や山川によって貴方から遠く隔てられていても、自分の心は貴方の側にあるのです）があるが、狭野弟上娘子の歌はこの元歌を多分に意識したものです。万葉当時、相手の魂を頂くという考え方があったそうですが、何はともあれ、「貴方の魂は朝夕頂いておりますが、つまり、あなたのお気持ちは十分に私のもとに届いておりますが、いかんせん、貴方を思う私の恋の心はあまりにも激しいので、胸が張り裂けるほど痛くてどうすることもできません」と狭野弟上娘子は中臣朝臣宅守に応答しているのです。ここでは、あたかも魂が

身体を離れて存在できること、あるいは単に存在するだけではなくて、むしろ魂は身体から離れて自由自在に運動し移動することができるかの如く歌われているのです。(4)

安政の大獄で伝馬町の牢獄に繋がれていた吉田松陰（一八三〇〜一八五九）は、いよいよ処刑が近づいたことを洩れ聞いたとき、自らの心境と願望を門人たちに伝えるべく『留魂録』を書きました。その冒頭を飾る有名な歌に次のようなものがあります。すなわち、「身はたとひ武蔵の野辺に朽ちぬとも　留めおかまし大和魂」という一詠の内には、次のような願望が籠められているでしょう。すなわち、それは、人間的生命体としてのこの肉体が、わずか満二十九歳の身体的生命をもって終わらんとするとき、つまり、いまや刑場の露として消えなんとするとき、よしんば自らの肉体は滅んでも、なお自らの精神・考え方は、いわば肉体を離れて存続する魂の如くあれかし、という一大願望に他なりません。逆に言えば、私たち人間の肉体は有限で生滅変化し、結局は死に行くものであるがゆえにこそ、不死なるもの、不滅なるものに憧れをもつわけであり、そういう永遠不滅なるものへの期待と願望をかなえるために、永遠の命の代名詞としての「魂」という言葉を案出したのです。

二　魂と不死の問題

周知の如く、プラトンは、対話篇『パイドン』において、アテナイの青年を邪説をもってかどわかしたという罪名のもとに、国法に殉じて毒杯を仰いで死出の旅路につかねばならないという運命のもとにあるソクラテスをして「魂の不死」論を展開させます。その際、ソクラテスの口吻にのせられた仮定的証明を聴きつつ、それを一見受け入れたように見えながらも、なお不安に包まれているクリトンに対して、ソクラテスは次のように答えます。「クリトンは思うに違いない、屍として眼前に見るであろう者こそ私であり、そして、私をいかに葬るべきかと訊ねている。私が毒杯を仰いだ後には、私はもはや君達とは共に居はしないであろう。しかし、祝福された者の喜びの為に去り行くのだということを縷縷と述べつつあったのであるけれども、それは、君達と私自身とを勇気づける為にのみかたられたおろかな話であると、クリトンは考えているように見える」（『パイドン』115c）[5]。

この対話篇においても、ソクラテスの「肉体」が死滅していくであろうことは、ソクラテスのみならず、クリトンも認めています。しかし問題の核心は、魂の不死が問われているところにあり、肉体の死はただ魂の不死への問いを発する単なる契機となっているにすぎません。言い換えれば、「すべての人間は死ぬ」という命題は、肉体的存在者としての人間にのみ妥当するのか、そして、霊的存在者としての人間には通用しないのか、といったことが問われているのです。

さて、ソクラテスは次のように「魂の不死」を説いています。「すなわち、不死がまた不滅でもあるならば、死が魂に迫る場合、魂は亡びることはあり得ない。あらかじめ言われていることからすれば、それは死を受け入れて死者となるはずがないからね。これは、ちょうど、我々が言っていた3が、それから奇数が偶数になるはずがなく、また火が、火のうちにある温が冷になるはずがないというのと同じだからね」（同 106a）。この説に従えば、不死はまさしく魂の本質であり本性であるのです。しかも、不死と死とは、水と油の如く、犬と猿との如く、全くあいまじわらざる概念とされています。厳密に考えると、この議論は問題点を含んでいるのですが、いまはそれを問わないで、それを拝聴することにしておきましょう。まさにプラトンは、肉体は死滅しても、魂は不滅であり、この不滅の魂は、肉体の死後、肉体を離れて、己の住むべき場所を探し求め、生前の己の品行に応じて、それぞれにふさわしい場所に到達すると考えているようです。

まず、「死が人間に迫るとき、その人の死ぬべき部分は死んでゆき、死なない部分は健全なまま、破滅しないで、死に対して場所を譲って去ってゆくのであるらしい」（同 106e）。さらに、この死なない部分である魂は、新たなる己の棲み家たる霊界に行くわけであり、そこにはいろいろな魂が住んでいるはずです。このようにして、「他の魂たちがいる所に行っても、不純なことやそれに類したことを行った魂は、つまり無法な人殺しにたずさわったとか、他にも何かそのような無法な人殺しの兄弟分であり、その兄弟分の魂がするようなことをやった魂は、みんなに避けて逃げられ、進んで道連れになったり、案内をしてくれるものがなく、ある期間が過ぎるまで、全く不安定な状態にあってさまよっているが、その期間が過ぎ去った後には、その魂にふさわしい住居へと無理矢理に連れて行かれる。これに対して、純粋に且つ適切に己が生を送った魂は、神々を道連れにし、案内者にして、それぞれ自らにふさわしい場所に住み込む」のです（同108c）。だから、魂の面倒は瞬時も休む暇なく、不断に行わねばならないのです。「諸君いやしくも、魂が不死であるならば、我々が生涯と呼んでいるその期間だけではなくて、全期間〔永遠〕にわたって魂の世話をすべきであって、その世話を怠れば、その危険はおそるべきものであるように、今では思われるであろう」（同書、107c）。

古代においても中世においても、はたまた近世においても、ヨーロッパの哲学者や神学者は多かれ少なかれ「魂の不死」について考えてきたようですが、いま一々そのことを詳しく論ずることはできないので、ここではデカルトとカントの魂の不死についての考え方について簡単に触れるだけに留めておきます。

さて、「我思う、ゆえに我有り」という命題を「哲学の第一原理」と宣言したデカルト（1596–1650）は、徹底的な身心分離の二元論に立脚していました（『方法序説』第四部参照）。「我思う、ゆえに我有り」ということは、我思うという意識があるからこそ我が有ると言えるのであって、こうした自我の自覚がなければ、我が有るということさえ言えないということです。こうした心意識的自我の特殊性を楯にとって、第一哲学の『省察』第六章で、デカルトは、「この自我、すなわち私の心は、それによって私がまさに存在するところの私であるのだが、私の身体から完全に且つ真に分かたれていること、私の心は私の身体なしにも有るまたは存在することができることは確実である」とさえ結論付けます。このように、「我思う、ゆえに我有り」という立場を強調することは、意識活動の主体に力点を置く立場であり、自然に対する人間の優位、身体に対する精神の優位、物に対する心の優位を主張する立場です。その際、これらの異質的二項目（身体と精神、物と心、人間と自然、等々）を不二一如的関係において考察せずに、むしろ両者を対立的・分離的に考察することによって、心ないし魂は、変化生滅していく肉体や物体と違って、不死・不滅的なものであるとみなされているのです（『方法序説』第五部）。

これに対して、デカルトのような極端な二元論と違って、存在しながら考え、考えながら存在するという身心の同時存在を素直に見て取っていたカントに従えば、魂は認識の対象としては経験不可能なものであり、自然科学的対象と同じ地平では扱うことはできず、したがって「理論理性（科学理性）」にとって、自我の働きは把握できても、自我そのもの、つまり心や魂がそれ自体何であるかは科学的すなわち理論理性的には認識不可能となります。しかし、カントは、「実践理性（道徳理性）」の分野において、実際に欠点を持った人間が完全に道徳的善人となりうるためには人格が限りなく向上する必要、つまり人格が無限に連続する必要があると主張し、このことのゆえに「魂の不死」を実践的に要請するのです。したがって、カントにおける「魂の不死」は決して理論的認識の対象ではなくて、あくまでも実践的行為の進歩・向上を保証するための実践的要請に留まるものです。それと同時に、現実の人間を傲慢から救い、どこまでもいまだ不十分でいたらぬ者として謙虚さの内に置き留めるものでもあるのです。

ところで、以上のごとき「魂の不死・不滅」論は、たとえば、仏教の正統的・哲学的解釈に従えば、斥けられています。たしかに、仏教は、実践・行の主体を重視し、心や精神を強調するけれども、霊肉二元論・霊魂不滅論を採らないのです。なぜなら、仏教の存在論からすれば、あくまで物心一如、身心一如であり、一方を滅するもの、他方を不滅の実体とみなすことをせずに、物心共に元来が「無自性皆空」であり、そのかぎりにおいて「不生不滅」であり、あるいはまた「諸行無常」であり、そのかぎりにおいて何一つ不滅的なものはないのです。以下においては、道元の反「身滅心常」論を明らかにしてみましょう。

三　道元の反「身滅心常」論

『正法眼蔵』には、心と魂の関係について論じた巻としては、たとえば「即心是仏」「弁道話（第十問答）」「仏性」などがあります。これらの場合に共通しているのは、心ないし魂は不滅で、身体は死滅するという「身滅心常」論を展開する「先尼外道」の見解を紹介しつつ反駁していることです。さて、ここでは、まず、「即心是仏」のそれ、ならびに『景徳伝灯録』第二十八「南陽慧忠国師」の章、さらにまとめとして、「弁道話（第十問答）」を取り上げてみましょう。

三・一　先尼外道の「身滅心常」論

「即心是仏」の巻において展開される先尼外道の「身滅心常」論は、以下のようになっています。

「いはゆる苦楽をわきまへ、冷暖《れいだん》を自知し、痛痒《つうよう》を了知す。万物にさへられず、諸境にかゝはれず。物は去来し、境は生滅すれども、霊知《れいち》はつねにありて不変なり。此の霊知ひろく周遍せり。凡聖含霊《ぼんしょうがんれい》の隔異《きゃくい》なし。そのなかに、しばらく妄法《もうぼう》の空華《くうげ》ありといへども、一念相応の智恵あらはれぬれば、物も亡じ、境も滅しぬれば、霊知本性ひとり了々として鎮常《ちんじょう》なり。たとひ身相はやぶれぬれども、霊知はやぶれずしていづるなり。たとへば人舎《にんしゃ》の失火にやくるに、舎主いでてさるがごとし。昭々霊々としてある、これを覚者知者の性といふ。

これをほとけともいひ、さとりとも称す。自他おなじく具足し、迷悟ともに通達せり。万法諸境ともかくもあれ、霊知は境とともならず、物とおなじからず、歴劫《りゃくこう》に常住なり。いま現在せる諸境も、霊知の所在によらば、真実といひぬべし。本性より縁起せるゆゑには実法なり。たとひしかありとも、霊知のごとく常住ならず、存没《ぞんもつ》するがゆゑに。明暗にかゝはれず、霊知するがゆゑに、これを霊知といふ。また真我と称し、覚元といひ、本性と称し、本体と称す。かくのごとくの本性をさとるを常住にかへりぬるといひ、帰真の大士といふ。これよりのちは、さらに生死に流転せず、不生不滅の性海《しょうかい》に証入するなり。このほかは真実にあらず。この性あらはさゞるほど、三界六道は競起《きょうき》するといふなり。これすなはち先尼外道が見なり。」（眼蔵・即心是仏、一141/142）

要するに、先尼外道の見解に従えば、心の働きとしての冷暖や痛痒を自ら了知することの主体、霊知は不変的なものであり、これが覚者知者の本性であり、別名ほとけとも悟りとも、あるいは真我とも覚元とも言われるのです。この本性・本体を悟り終わるならば、生死に流転せず、不生不滅の仏性海に証入することができるのであり、こうした悟りをなし遂げた人を「帰真の大士」とも呼ぶのです。なぜなら、霊知は、外なるものに影響されたり破壊されたりするものではなく、常住不変的なものであるから、という見解に従っているわけです。

あるいはまた、『景徳伝灯録』第二十八「南陽慧忠国師」の章には慧忠国師と僧との問答において、特に悟りを強調する南方の仏教者において、先尼外道と同じ見解が展開されているとして、慧忠国師が南方の仏教者を批判しています。その問答は『正法眼蔵』「即心是仏」の巻にそのまま引用されています。そこでは、大唐国大証国師慧忠和尚と、師のもとに南方より来た僧との間で以下のような問答を展開するわけです。つまり、南方の指導者（善知識）たちがどんなことを教えているかと師に問われた僧は、南方にはたくさんの指導者がいますが、その所説は以下のようなものであると、南方の仏教者が盛んに喧伝している「身滅心常論」を次のように要約して伝えています。以下には『正法眼蔵』の原文と現代語訳を付けてみましょう。

原文「彼方の知識、直下《じきげ》に学人に即心是仏と示す。仏は是れ覚の義なり、汝今、見聞覚知《けんもんかくち》の性《しょう》を悉具せり。此の性善能《よ》く揚眉瞬目《ようびしゅんもく》し、去来運用《こらいうんよう》す。身中に遍《あまね》く、頭に桎《ふ》るれば頭知り、脚に桎《ふ》るれば脚知る、故に正遍知《しょうへんち》と名づく。此れを離るるの外《ほか》、更に別の仏無し。此の身は即ち生滅有り、心性は無始より以来《このかた》、未だ曽て生滅せず。身、生滅するとは、龍の骨を換《か》ふるが如く、蛇の皮を脱し、人の故宅を出づるに似たり。即ち身は是れ無常なり、其の性は常なり。南方の所説、大約此《かく》の如し。」（眼蔵・即心是仏、一 143/144）

現代語訳「南方の仏教指導者は教えを請うと直ちに、学人に即心是仏、すなわち、その心がそのままで仏となりうると説示されます。君も亦見聞覚知の働きを可能にしている本性的根拠を皆備えている。たとえば、この見聞覚知の本性が働いた結果として、眉をつり上げ眼をまばたきさせたりする。この本性は体中に遍在しており、したがって、頭に触れれば頭が覚知し、脚に触れれば脚が感知する。まさにこのゆえに正遍知と呼ぶのです。この身体には生滅があるけれども、心の本性は大昔から未だかつて生滅変異しないものである。身体が生滅するのは、竜が骨を変えて生まれ変わるように、また蛇が皮を抜け出るように、また人が古い家を出て新しい家に入居するようなものである。すなわち、身体は無常変異するけれども、心の本性は常住不変である。南方の諸説は大体このようなものです。」

この説明に対して、慧忠和尚は次のように反論します。

原文「若し然らば、彼の先尼外道と差別有ること無けん。彼が云く、「我が此の身中に一の神性有り、此能く痛痒を知り、身壊《しんえ》する時、神《しん》出で去る。舎の焼かるれば舎主出で去るが如し。舎は即ち無常なり、舎主は常なり」と。審《しん》すらくは此《かく》の如きは、邪正辨ずるなし、孰《いずれ》か是《ぜ》とせんや。吾れ比《そのかみ》遊方《ゆうほう》せしに、多く此の色《しき》を見き。近ごろ尤《もっと》も盛んなり。三五百衆を聚却《あつめ》て、目に雲漢《うんかん》〔天の川〕を視《み》て云く、「是れ南方の宗旨なり」と。他《か》の壇経〔六祖壇経〕を把《と》って改換して、鄙譚《ひたん》〔卑俗な物語〕を添糅《てんじゅう》〔そえまじえること〕し、聖意《しょうい》〔聖なる意味、仏教本来の意味〕を削除して後徒《こうと》を惑乱す、豈《あに》言教を成さんや。苦なる哉《かな》、吾が宗の喪《ほろ》ぶなり。若し見聞覚知を以て是れを仏性とせば、浄名《じょうみょう》〔維摩詰〕(6)は応《まさ》に「法は見聞覚知を離る、若し見聞覚知を行ぜば是れ則ち見聞覚知なり、法を求むるに非ず」と云ふべからず。」〔眼蔵・即心是仏、一 144/145〕

現代語訳 「もしそのように考えるのであれば、その見解はあの先尼外道の見解と違いはないことになる。先尼外道の見解に従えば、「自分の体の中には一つの不滅の精神の本性が宿っており、これによって痛いとか痒いとかを知り、身体がなくなるときには、その精神が自分の身体から出て行くのである。それはちょうど、家が焼けてしまえば家主がその家を出て行くようなものである。家は無常変転するものであり、家主は常住不変である」ということになる。慎重に考えなければならないのは、こうした見解に関しては正邪是非が論じられていないことである。私〔慧忠和尚〕も嘗て方々の師匠を訪ねて遊歴していたときに、多くのこうした類の連中を見てきた。近頃はますますこうした見解の連中が盛んにのさばっている。あるいは三百人から五百人の修行者を集めて、天の川を見て、「これほどきれいな星のように南方の仏教はすばらしい」と褒め称えている。あの「六祖壇経」を参照しながら、これを改竄《かいざん》して、その中に卑俗な話を盛り込んでしまい、仏教本来の尊い意味を削除して、後世の者の理解を混乱させてしまっていて、もうそれは仏教本来の言葉でも教えでもなくなってしまっているのである。心苦しいことに、仏教本来の教えは滅んでしまっているのだ。もし私たちの日常的な凡心から出てくる見聞覚知をそのままで仏性となすならば、浄名《じょうみょう》〔維摩詰〕は「仏法は見聞覚知を越えなければならない、もし凡情としての見聞覚知のままに振る舞うならば、それはただの見聞覚知であって、仏法を求めることにはならないのである」とは言うはずがないのだ。」

ここでも、先の箇所と同様に、身体は生滅変化するけれども、この身体の中にある心性（神性）は常住不変であり、したがって、心の働きの本体を悟れば、仏の悟りとしての正遍知を獲得することができるとみなして、南方の仏教は大いに流行っているらしいと語られています。しかし残念ながら、人間が見聞覚知したものはあくまで自我の産物であり、唯仏与仏の無上正等正覚たりえないのです。しかるに仏法はあくまで人間的見聞覚知では計り知れないところ、すなわちいわゆる不覚不知の境域にまで高まっていかねばなりません。この側面を明らかにするには、道元の仏性論や山河大地心としての即心是仏論を見てみなければなりません。

道元は、たとえば『正法眼蔵』「仏性」の巻において、先述した「先尼外道」の霊魂論と仏性論との混同を戒めて、次のように述べています。

「仏性の言をきゝて、学者おほく先尼外道の我のごとく邪計《じゃけ》せり。それ人にあはず、自己にあはず、師をみざるゆゑなり。いたづらに風火の動着《どうじゃく》する心意識を仏性の覚知覚了とおもへり。たれかいふし、仏性に覚知覚了ありと。覚者知者はたとひ諸仏なりとも、仏性は覚知覚了にあらざるなり。いはんや諸仏を覚者知者といふ覚知は、なんだちが云云《うんぬん》の邪解《じゃげ》を覚知とせず、風火の動静を覚知とするにあらず。ただ一両の仏面祖面、これ覚知なり。」（眼蔵・仏性、一75）

このように、道元が語るところに従えば、仏性は、先尼外道が主張する「霊知」の働きの主体としての、永遠不滅の実体としての「神我」ないし「心」あるいは「魂」の如きものではないのです。先尼外道――有り体に言えば、私たち凡夫――は、さしあたって「いたづらに風火の動着する心意識を仏性の覚知覚了とおもへり」、すなわち、風や火が不安定に動き揺らめいているように、対象の動きに左右されて働く心意識の感覚・知覚作用を、「仏性の覚知覚了」と思い込んでいるようですが、道元によると、「覚者知者は、たとひ諸仏なりとも、仏性は覚知覚了にあらざるなり」。すなわち、ブッダ（Buddha）のことを、たしかに意訳して「覚者」あるいは「知者」と呼ぶことはあっても、仏性は人間的な覚知作用を飛び越えていかなければ理解できないのです。仏性が人間的分別知としての感覚・知覚の対象とみなされているかぎりは、それは有限なものにすぎないのです。

仏性が無限の命としての自己の真生命の働きであるかぎり、分別知にとってはむしろ「不覚・不知」のものです。[7]あくまで仏の悟りは無分別知で「覚触《かくそく》」されねばなりません。「覚触」とは、「直覚的に触れ合うこと」、いわゆる「感応道交」ということです。『禅学大辞典』（下巻、大修館書店、一九七八年）によると、覚触とは「坐禅中に、機縁に触れて真実体を認識すること」とあります。たとえば、瑩山は『伝光録』「第四祖優婆毱多《うばきくた》尊者章」において、「彼我アリトモ、水ノ底ノ声ノゴトク、空ノ中ノ端ナキニ似タリ、シカモ一度覚触セザレバ、千万ノ法門無量ノ妙理モ、徒然ニ業識流注トナル」と述べています。ろくに坐禅もせずに、生きた仏性との触れあいのないところでいくら仏教の本を書いても、ただの妄想分別の羅列にすぎないぞ、という戒めであり、大変厳しい言葉です。この本もただの「業識流注」（業識とは業に束縛された意識活動であり、流注とは水が流れ注ぐように、煩悩妄想が絶えずわき起るさま）の類に陥らないように気をつけたいと思います。

三・二　道元の反「身滅心常」論――身心一如と性相不二の立場

さて、道元は、『正法眼蔵』、「弁道話」における「第十問答」において、まるで蛇や蟬の抜（脱）け殻のように、肉体は死滅してもなお魂は生き延びるという「身滅心常」論――つまり性相二元論――を、「先尼外道」の見解として厳しく批判し、断罪しています。すなわち、「いまいふところの見、またく仏法にあらず、先尼外道が見なり」と斥けつつ、もう一度「先尼外道」の見解を次のように整理しています。

「かの外道の見は、わが身、うちにひとつの霊知あり、かの知、すなはち、縁にあふところに、よく好悪《こうあく》をわきまへ、是非《ぜひ》をわきまふ。痛痒をしり、苦楽をしる、みなかの霊知のちからなり。しかあるに、かの霊性は、この身の滅するとき、もぬけてかしこにうまる、ゆゑに、こゝに滅すとみゆれども、かしこの生あれば、ながく滅せずして常住なりといふなり。」（眼蔵・弁道話、一 33）

このような見解をもって「仏法」とすることは、道元に従えば、「瓦礫をにぎりて金宝とおもはんよりもなほおろかなり。痴迷《ちめい》のはづべき、たとふるにものなし。大唐国の慧忠国師、ふかくいましめたり。いま心常相滅《しんじょうそうめつ》の邪見を計して、諸仏の妙法にひとしめ、生死の本因をおこして、生死をはなれたりとおもはん、おろかなるにあらずや、もともあはれむべし。ただこれ外道の邪見なりとしれ、みみにふるべからず」（眼蔵・弁道話、一 33/34）。

しかしながら、こうした「身心二元論」はなにも外道でなくとも、普通一般の世間人がさしあたって最も抱きやすい見解であり、たとえば、「先祖供養」を中心にして脈々と続いている大衆仏教の伝統はむしろ「身滅心常論」に依拠して成り立っているようにさえ見えます。あるいはまた、吉田松陰も、先に引用した辞世の歌において、自らの大和魂という言葉によって自らの考え方・精神の永遠ならんことを願望しました。あるいはまた、ソクラテスは毒杯による死刑という運命を直前にして、弟子たちに「魂の不死」を諄々と説得し、弟子たちの不安を和らげようとしました。西洋哲学史の展開においては、たとえば、プラトン、デカルト、カントなどの哲学においても、「魂の不死」の問題はたしかに真面目には取り上げられていますが、私たち人間の五感をもっては直接的には把握できない（「心不可得」）対象としての「魂」、かつそのうえ私たちが体験することさえできない（自分自身の）「死」の問題は、その出発点からして極めて難解なものなのです[8]。

ところで、西洋哲学においても一般的願望においても「魂の不死・不滅」を語るのに、なぜ道元は「身滅心常」論を拒絶するのでしょうか。そこには以下で明らかになるような、独特の論理があります。何はともあれ、道元においては、「身滅心常」論の立場は、身と心、すなわち相と性とを二つに分けて、両者を全然別物と見る観点とされているわけです。こうした身心二元論は、ややもすると、生きている間は苦しいけれども、死ねば楽になるという考え方をもたらしたり、この現実の「生死」を厭い、それから眼を背けて、あの世の「涅槃」ばかりを追い求める結果になりやすいからです。そのことは、今をおろそかにして、今まさになすべきことをなさずに、いたずらに空しくすごしたり、なすべきことを先へ先へと追いやり引き延ばしてしまう悪癖と根源を等しくしているものです。ただしかしながら、身と心は存在契機としては、明らかに異なるものであり、東洋の思想家がよしんば「不二一如」を説こうとも、その「不二一如」の言葉そのものは、二つのものが異質的要素であると同時に不可分離的契機であるという二つの観点があることを物語っています。

「しるべし、仏法にはもとより身心一如にして、性相不二なりと談ずる、西天東地おなじくしれるところ、あへてうたがふべからず。いはんや常住を談ずる門には、万法みな常住なり、身と心とをわくことなし。寂滅を談ずる門には、諸法みな寂滅なり、性と相とをわくことなし。しかあるを、なんぞ身滅心常《しんめつしんじょう》といはん、正理《しょうり》にそむかざらんや。しかのみならず、生死はすなはち涅槃なりと覚了すべし、いまだ生死のほかに涅槃を談ずることなし。いはんや心は身をはなれて常住なりと領解《りょうげ》するをもて、生死をはなれたる仏智に妄計《もうけ》すといふとも、この領解知覚の心は、すなはちなほ生滅して、またく常住ならず。これ、はかなきにあらずや。」（眼蔵・弁道話、一 34/35）

ここで語られているように、人間の生きている真実相においては、明らかに、身心一如であり、性相不二です。というのは、身と心が二つながら共同し働き合っているからこそ、私たちの生の営みのすべてが成り立つのであり、身体のみの生も、心だけの生もありえません。同じく、一切の事物は、名前としての普遍的・不変的局面（性）と、個体としての特殊的・変移的局面（相）とを同時的にあわせもつものです。人間的生とは、身心一如の総合体・相関体としてのみ存立可能です。だとすれば、身心一如の現実的生（生死）の内にすでに安心と解脱（涅槃）の道を見出すしかないでしょう。生死の苦しみからの解脱を、遠い未来としての死や涅槃の内に引き延ばし追い求めるのではなく、いまここに、自分の足元に、自分の手で、安心解脱や涅槃寂静を見出すことが、正しい禅仏教に立脚した、真面目な人生態度に他ならないのです。それゆえに、道元は、第十問答の末尾において次のように述べています。

「しるべし、仏法に心性大総相《しんしょうだいそうそう》の法門といふは、一大法界《ほっかい》をこめて、性相《しょうそう》をわかず、生滅をいふことなし。菩提涅槃におよぶまで、心性にあらざるなし。一切諸法・万象森羅、ともにたゞこれ一心にして、こめずかねざることなし。このもろもろの法門、みな平等一心なり。あへて異違なしと談ずる、これすなはち仏家の心性をしれる様子なり。」（眼蔵・弁道話、一35）

ここで言われる「心性大総相」とは、もともと『大乗起信論』の言葉であり、それは、不変の心の本性は、法界（世界）のあまねく一切（総）にゆきわたっており（大）、一切を総括した平等常住の一心であることを意味する言葉です。こうしたテーゼを立てれば、すべては平等常住の一心でないものはなく、性相とか生滅とか、あるいは菩提涅槃とかというふうに、二元論的に分けてみたところで、どちらもこの一心のうちでの存在形態であり――戒律があるからこそ破戒が存在しうるように――、したがって、「一切諸法・万象森羅、ともにたゞこれ一心にして、こめずかねざることなし〔すべては互いに交じり合い兼ね合っていること〕」なのです。しかも、これらの不変なものと変化するものとの不二一如の論理は、道元仏性論の出発点です。性相不二や生死一如の論理によって、私たちは絶対の今、絶対現在に徹底して生きることができるのです。

四　魂の不死不滅論の効用――絶対的正義の問題

以上述べたように、身心一如と不生不滅を標榜することによって、身体と分かたれたかぎりでの魂だけの一方的な不死・不滅論を排斥する道元は、それにもかかわらず「三時業」の考え方を展開しているのです。それによれば、現世の行為が現世に結果を及ぼす場合（順現報受《じゅんげんほうじゅ》）、来世に結果を及ぼす場合（順次生受《じゅんじしょうじゅ》）、来来世に結果を及ぼす場合（順後次受《じゅんごじじゅ》）の三種が考えられるわけです。このような現世と来世あるいは来来世との連続性は、行為の歴史性と因果性のことに他ならないのですが、このような行為の因果的連続性を主張するためには、何らかの意味での人格の無限連続性、あるいは魂の不死が前提されなければならないでしょう。したがって、形式論理の上からは、不生不滅の立場と業の思想とは矛盾するように見えますが、それらは仏教における観点の違い、たとえば空と色、行為的瞬間の論理と歴史的反省の論理との違いと考えれば、両立すると言えるでしょう[9]。

誰も事物のようには、見ることも聞くことも触れることもできない魂の不死を語ること自体、本来不可能なはずですが、にもかかわらず、そのことを主張することの内には、人間の有限性に基づく実践的智慧が垣間見られます。筆者の考えるところによれば、人間は誰でも大なり小なりいつも「幸福」を願望しているという根本事実と、この幸福の実現のためにしばしばルール違反、つまり「悪」を犯してしまうという行為状況が人間世界にはあると思われます。しかもその上、困ったことに、善人よりも悪人の方がしばしば物質的幸福を享受しているという皮肉な状況が展開されているのです。つまり現実の世界はそれほどかように不公平であって、正義が全うされていないのです。これに対して、魂の世界とは、絶対の正義が支配し、善人は正しく祝福され、悪人はしかるべく罰せられ、どちらに対しても正義が公平に行われる世界でなければ、人間はやりきれないでしょう。こうした絶対正義の世界としての不死・不滅なる魂の世界が全く不可能であるとすると、あるいはたわけた夢空言だとすると、悪人はこの現実界〔浮世、現世〕において悪の限りを尽くして恐れを知らず、また善人の方は、たとえ現世において善行が報いられなくとも来世において報いられるかもしれないという淡い希望さえ失い、結局この世での善行そのものへの勇気と精進力さえ喪失するでしょう。この意味でプラトンの言う「魂を永遠にわたって世話する」ということは極めて重要な事柄なのです。すなわち、「もし魂が不死であるとするならば、生きている時だけではなくて、あらゆる時〔永遠〕にわたって、魂の世話をしなければならない」〔プラトン『パイドン』107c〕のです。[10]

ところで「先祖」を大事にするという一般仏教の基本理念も、根本的には同様な考え方に基づいていると思われます。ちなみに、「その人の魂に語りかける」とか「天地神明に誓って嘘は言わぬ」といった表現の内には、ある種の絶対的正義が支配している魂ないしは人格の世界が前提されています、少なくとも期待され要請されています。この世界はもちろん人格同士の信頼のもとにのみ成り立つにすぎず、エゴの刃を研ぎ澄ます人間のもとにおいてはいつも風前の灯にすぎないという危険性を伴っています。にもかかわらず、こうした人格ないし魂の世界は決して物質的な生滅変化の世界ではなく、そのかぎりにおいて不死不滅の世界と言ってもよいのではないでしょうか。よしんばそのことは決して証明されえないにしても。だから、この観点から考えれば、心も魂も人間の人格そのものを表現しているのであり、したがって、心と魂とはここではもはや区別されえないし、道元自身も両者を殊更区別していません。いわば、心も魂も人格もことごとく人間の本質的核心を意味しているのです。そのような存在は、仏教的に表現すれば、その心がそのままで仏たりうるもの〔即心是仏〕でなければならないところにあります。

五　即心是仏――心とは山河大地なり

さて、「即心是仏」とはいかなる意味をもつ言葉でしょうか。心の持ち方一つで、私たちは、凡夫ともなれば仏ともなりうるのです。しかし、それは心の表面的解釈にすぎません。「衆生本来仏なり」（白隠和尚）という「禅仏教本来の立場」からしても、先の「自性清浄心」の見地からしても、心の本体は仏と異なるものではないはずです。それゆえ、道元は、以上述べてきたように、『正法眼蔵』「即心是仏」の巻において、仏仏祖祖が正伝した心とは、衆生の慮知念覚（分別心）の心でもなく、はたまた先尼外道の霊知不昧の心（不滅の心霊・心性）でもなくて、心即仏としての絶対心について語っています。だからこそ、道元は、心を直ちに、山河大地になぞらえ、牆壁瓦礫に譬えるのです。否、「なぞらえ、譬える」ということすらも危ない表現です。けだし、「なぞらえ、譬える」場合には、ある根源的なものに、ある派生的なものを「なぞらえ、譬える」から、そこには優劣の差、少なくとも二元的差異が生じてくるからです。だから、それは同じでなければならないのです。そのように事態を受け取る心は、明らかに慮知念覚の心でもなく、はたまた先尼外道の霊知不昧の心でもなく、心即仏としての絶対心でなければならないのです。

それでは、心即仏としての絶対心とはいかなるものでしょうか。そのためにはまず、「自性清浄心」としての自己の仏心が必要です。この心をもって世界を眺めれば、あるものすべては仏身（清浄法身）となるでしょう。自己が仏心をもつがゆえにこそ、他人も他物もみな仏身と映るのです。道元によれば、「而今《にこん》の山水は古仏の道現成《どうげんじょう》なり。ともに法位に住して、究尽《ぐうじん》の功徳を成《じょう》ぜり」（眼蔵・山水経、二184）ということになります。いま目前の山河大地が永遠の昔から仏の道をあらわに示していることを知ることは、すなわち、こちらの心がそのように山河大地を読み取ることのできる仏心になっていないことには不可能です。道元の自然仏性論の背景には、この世界が現実の仏国土であるという強い確信と信念があるのです。「山河を見るは仏性を見るなり」という自然仏性論と「自性清浄心」とが一つになるときにのみ、「三界唯心」思想の真に仏教的な優れた意味が具体化されるのです。

ところで三界唯一心の思想論理と「即心是仏」のそれとは、もちろん、同じ一つの事柄の裏表ではありますが、論理上は逆対応しています。ちなみに、前者の論理は、世界の出来事のすべて、認識のすべては、自己の心意識の手中にあると語るのに対して、後者のそれに従えば、私たち各自銘々の心意識が直ちに仏または仏心であると語るからです。前者が「一切法一心」ということであるとすれば、後者は「一心一切法」ということであるのですが、禅においては、もちろん仏教一般においても、「一即多、多即一」として、両者は同じこととして言い換え可能でなければならないのです。

さて、それでは、「即心是仏」とは一体全体いかなる論理であり、どんな考え方であるのでしょうか。道元は、「即心是仏」の巻において、「大潙仰山に問う、妙浄明心《みょうじょうみょうしん》、汝作麼生《そもさん》か会す。仰曰く、山河大地日月星辰」という、潙山霊祐《いさんれいゆう》と仰山慧寂《きょうざんえじゃく》との問答を垂示しつつ、次のような解釈を展開しています。

「あきらかにしりぬ、心とは山河大地なり、日月星辰なり。しかあれども、この道得するところ、すゝめば不足あり、しりぞくればあまれり。山河大地心は山河大地のみなり。さらに波浪なし、風煙なし。日月星辰心は日月星辰のみなり。さらにきりなし、かすみなし。生死去来心は生死去来のみなり。さらに迷なし、悟なし。牆壁瓦礫心は、牆壁瓦礫のみなり。さらに泥なし、水なし。四大五蘊心は、四大五蘊のみなり。さらに馬なし、猿なし。椅子払子心は椅子払子のみなり。さらに竹なし、木なし。かくのごとくなるゆゑに、即心是仏、不染汚即心是仏なり。諸仏、不染汚諸仏なり。」（眼蔵・即心是仏、一148）

「一切衆生悉有仏性」という『涅槃経』の精神からしても、山河大地であれ、日月星辰であれ、牆壁瓦礫であれ、四大五蘊であれ、あるいは人間の生死去来の動きであれ、皆ことごとく、仏身であり、仏心です。このように、山河大地や日月星辰がそのままで仏の姿（清浄法身）であるとするならば、「即心是仏」の精神からすれば、その心は、すなわち仏なのですから、「心とは山河大地なり、日月星辰なり」ということになるでしょう。しかしながら、もし、この山は良い景色だとか、この山をゴルフ場にしようとか、冬山は怖いとか、あの山には祟りがあるとか、そのように利害損得ばかり考えていると、そのときには「すゝめば不足あり、しりぞくればあまれり」ということになるのです。だからこそ、「山河大地心は山河大地のみなり。さらに波浪なし、風煙なし。日月星辰心は日月星辰のみなり。さらにきりなし、かすみなし」というような語り口は、心と山河大地との不二一体性を表現する言葉なのです。いろいろな対象についてあれこれと考えることはできるけれども、そのことにとらわれては「即心是仏」にはならないのです。むしろ、その対象そのものになりきることが、「即心是仏」なのです。心と山河大地とが二つ存在するかぎりは、まだ「即心是仏」にはならないのです。対象が何でできているかとか、どんな姿形をとっているか、などと知的好奇心を満たそうとしている間は、まだ対象と不二一体となっていないわけであり、したがって、対象が本当に分かっているとは言えないのです。むしろ、対象と本当に親密になるときには、対象の存在すら忘却してしまうでしょう。それゆえ、「即心是仏」を徹底すれば、すなわち、「もし人、心を識得すれば、大地に寸土無し（若人識得心、大地無寸土）」（長霊守卓禅師語録）となるのです。

真実を言えば、仏の心境においてのみ、人は「即心是仏」となりうるのです。まことに、「不染汚即心是仏なり。諸仏、不染汚諸仏なり」なのです。それゆえ、対象に意識的にも欲望的にもとらわれないという意味において、私たちが「不染汚」の中に行住坐臥できるならば、私たちにおいてもまたつねに「即心是仏」と語りうるのです。しかしながら、「自性清浄心」と「客塵煩悩」とをあわせもつ私たち人間凡夫が、現実に「即心是仏」と豪語しうるためには、絶えざる自己否定としての自己向上心が必要です。これを語るのに、仏教的術語としては「発心・修行・菩提・涅槃」という四つの言葉があります。

「しかあればすなはち、即心是仏とは、発心・修行・菩提・涅槃の諸仏なり。いまだ発心・修行・菩提・涅槃せざるは即心是仏にあらず。たとひ一刹那に発心・修証するも即心是仏なり、たとひ一極微中に発心・修証するも即心是仏なり、たとひ無量劫に発心・修証するも即心是仏なり、たとひ一念中に発心・修証するも即心是仏なり、たとひ半拳裏に発心・修証するも即心是仏なり。しかあるを、長劫に修行作仏するは即心是仏にあらずといふは、即心是仏をいまだ見ざるなり、いまだしらざるなり、いまだ学せざるなり。即心是仏を開演する正師を見ざるなり。」（眼蔵・即心是仏、一148/149）

この中でも、最初の仏教的出発点としての「発心」が最も必要な条件です。発心もせずして「即心是仏」と言うのは甚だおこがましく、厚かましいかぎりです。さてそれでは、「発心」すなわち「発菩提心」とはどういう内容をもつ言葉でしょうか。詳しいことは、最後の章において述べることとして、要するに、人間の心が初めて求道の志をおこすこと、道を求める心を発することが、すなわち「発心」です。「初発心時便成正覚《しょほっしんじべんじょうしょうかく》」と言うように、すでに、初めて道を求める心を発するとき、すでに人は仏さんと同じ悟りを成就していると言うのです。たしかに悟りの内容についての知識はないとしても、はじめの初々しい気持ち、謙虚な心情こそが「自性清浄心」であり、その持ち主は真の菩薩であり、そこからのみ仏も生まれるはずです。なぜなら、人間衆生なくしては仏菩薩は生まれてこないのであるからです。何でも慣れてしまうとマンネリに陥ってしまい、はじめの真摯な態度を忘れがちです。これは、ただに仏道修行においてのみならず、万の道において妥当する普遍的真理です。

注

（1）本章の叙述は拙論「不死の要請」（『日本倫理学会論集』19、以文社、一九八四年、一四九～一七九頁）、「禅仏教とはなにか——禅哲学への導き」（『仏教』別冊3・「仏教入門」、法藏館、一九九〇年、一四二～一五二頁）、「不死と魂」（『G—TEN』59号、天理やまと文化会議、一九九一年、一四～二二頁）などに基づいている。有福孝岳『道元の世界』（大阪書籍、一九八五年、一五九～一七三頁）ならびに『「正法眼蔵」に親しむ』（学生社、一九九一年、九～四七頁）参照。

（2）Aristotéles, De Anima (Peri Psyche). 訳文は山本光雄訳『霊魂論』、『アリストテレス全集』第六巻、岩波書店、一九六八年。他に桑子敏雄訳『アリストテレス「心とは何か」』、講談社学術文庫、一九九二年等参照。Cf. Loeb Classical Library, Aristotle, On the soul, Parva naturalia on breath, translatedby W. S. Hett 1936, Cambridge.

（3）『宇津保物語』「嵯峨院」日本古典文学大系10、岩波書店、二二七頁参照。

（4）これら二つの歌の意味については、伊藤博校注『万葉集』下巻、角川書店、一九八五年初版一八九／一九〇頁参照。

（5）岡田正三訳『プラトン全集』第一巻、第一書房、一九四四年。Cf. Rowohlts Klassiker, *Platon, Sämtliche Werke*, Bd. 3, übersetzt. von F. Schleiermacher; Loeb Classical Library, *Plato* I, translated by H. N. Fowler.

（6）維摩詰（略して維摩）は、サンスクリット語ヴィマーラキールティ（Vimalakīrti）の音写であり、この語は「苦を離れた誉れある者」を意味しているので、意訳して「浄名」と呼ばれる。維摩詰は大乗仏教の代表的な経典である『維摩経』の主人公として登場し、当時の先進的な都市ヴァイシャーリー（毘沙離）に住む大資産家に設定されている。『維摩経』では、在家信者の維摩が、釈尊の高弟や菩薩をはるかに凌ぐ高度な教理を開演していく。なお、維摩の居室は「方丈」であり、鴨長明の『方丈記』の「方丈」もこれに依拠している。中村他編『岩波仏教辞典』、一九八九年、第一刷参照。

（7）本論第五章六節、ならびに有福孝岳『道元の世界』後篇第六章八、三一一～三一七頁、ならびに有福孝岳『「正法眼蔵」に親しむ』、三一～三五頁参照。

（8）有福孝岳『道元の世界』（大阪書籍、一九九四年第二刷）、後篇第二章二、一五九～一七三頁参照。

（9）前掲拙論「不死の要請」（『日本倫理学会論集』19、一四九～一七九頁参照。

（10）Cf. Loeb Classical Library, No. 36, Platon I, Phaedo, 1917, Cambridge p. 369f.

第四章　身と心の問題――身心学道ということ

一　身と心の問題

哲学のテーマにおいても仏道修行においても「身心」の問題は避けて通れない問題です。身体と精神の二大要素なしには、私たちは生きることも考えることも喋ることもできないのですから、身心問題は私たちにとって最も重要な問題の一つです。言うまでもなく、身体と精神、身と心とは人間存在を形成する二大因子です。ちなみに、「直観の形式」（カント）としての空間と時間とは、まさに身心の二元性に対応するものです。それは、デカルト的に言えば物体的延長物と精神的思惟物との関係です。人間が世界の諸事象を二元論的に考察する根本原因は、一つには、こうした身心相関体としての人間存在の根本特質に由来する、と筆者は常々考えています。

哲学では、一般に「心身問題（mind-body problem, Leib-Seele Problem）」として、心（霊魂、精神）と体（身体、肉体）との関係については、古来いろいろな動機や関心のもとに問題にされてきました。しかしながら、特に西洋近世のデカルトの二元論的哲学の出現以来、問題はいっそう鮮明にされました。これによると、身体は科学的法則に則って機械論的に説明されるべき物質的世界に属し、他方私たちは、物質的延長世界には帰属しえない精神存在として、特に思惟作用あるいは感情作用や意志作用によって非物質的な内的・心的な世界を形成し、いろいろな心的過程を内的に意識するのです。このようにして、これら両者、つまり身と心、身体と精神とはどのように関係しあっているのかということが重要な問題となるのです。たとえば、この関係の仕方の説明に関してどのようなものがあるのでしょうか。こうした心身関係のあり方に関して、平凡社刊行の『哲学事典』は、次のような七種類を挙げています。[1]

①身体と心とは因果的に関係しあうとする相互作用説。この考え方は日常の言葉づかいにも素朴に示されているが、そこに生理学や物理学の知識を適用して説明しようとする様々な試みがある。②物的過程と心的過程とは互いにまったく独立であって、対応しあうだけだという並行説。これが二つの実在の間のこととしてではなく、ものごとを記述する言語のレヴェルのちがいとして論じられることがある。③心身間で一方の状態が他方の変化の機会となりあっているのだという機会原因説。④唯物論の立場から心に独立の存在を認めず、意識とは有機体の構造、特に神経組織の機能に伴う派生的な現象にすぎないという随伴現象説。⑤観念論の立場から心の側に原理を求め、物質的な世界の存在に関しては、それを知覚内容に還元したり、あるいは精神の発現形態として性格づけたりする考え方。⑥心的過程は自然の進化のある段階で、それまでのものとは別の原理と法則性をもった新しいものとして出現してきたのだという創発説。[2] ⑦世界を構成する根本的な要素そのものは、いわば中性的であり、それがどのような脈絡においてみられるかによって、物的なものとも心的なものともなるという考え方、等々。

これに対して、道元の禅仏教において重要なのは、あくまで「身心一如」という観点です。言うまでもなく、人間存在は、あくまでも身心不二の相関体です。身一つだけでも、心一つだけでも、人間存在は成り立ちません。否、それだけではありません。身体が身体として存在しうるためには心の働きが必要であり、心が心としての意図・意識・感情を実現しうるためには身体の運動と行為とが必要です。そのかぎりにおいて、身体が身体としての存在価値を持ちうるのは心の働きのおかげであり、逆に、心が自らの思いを遂げうるのはまさしく身体活動の恩恵に浴しているからです。たとえば、お化けとか神とか天使とか言われる存在は、いわば心霊現象のみあって、身体現象がさだかでないものです。

二　道元禅における身心問題――身心学道としての身心脱落

しかしながら、禅においては、身心関係のあり方を対象的に探究して、あるいは認識論的に、あるいは存在論的に分析するわけではありません。あくまで自己の身心の苦悩からの解放・解脱が問題です。それゆえ、「身心一如」に立脚しつつ「身心学道」することが道元禅においては求められています。「仏道を学習するに、しばらくふたつあり。いはゆる心をもて学し、身をもて学するなり」（眼蔵・身心学道、一127）。しかもそのうえ、日常的な身心関係に束縛されたあり方、すなわち、身体的・精神的拘束性からの解放・解脱としての「身心脱落」こそを、道元は自らの仏道修行のスローガンとして掲げています。

道元が、天童如浄和尚のもとで参禅していたときの覚書としての『宝慶記』の中には、次のような一節があります。(3)

「堂頭《どうちょう》和尚示して曰く、参禅は身心脱落なり、焼香、礼拝、念仏、修懺《しゅさん》、看経《かんきん》を用いず、祗管《しかん》に打坐《たざ》するのみ。

拝して問う、身心脱落とは何《いかん》。

堂頭和尚示して曰く、身心脱落とは坐禅なり。祗管に坐禅する時、五欲を離れ、五蓋を除くなり。」

ここの問答を分かりやすく説明すれば、次のようになるでしょう。堂頭老師が示されるには、「禅に参ずることは、まさしく自己自身の精神的・身体的解脱、すなわち安心立命をうることなのだ。そのときには、焼香も礼拝も念仏も懺悔の修行も看経も不要であり、ただひたすら坐るしかないのだ」。これに対して道元が「身心脱落とはいかなることでしょうか」と質問すると、師は次のように答えられた。「身心の解脱こそが参禅の究極目的である。しかし、坐禅の結果としてそのような目標に到達するのではなく、坐禅そのものが直ちに目的自体である。坐禅をしていると、たしかにそれほど欲望を逞しくすることはできないので、五欲や五蓋にそれほど悩まされないですむのだ」。

ここで、五欲とは、財欲、色欲、飲食欲、名誉欲、睡眠欲の五つです。また五蓋とは、五蓋煩悩ともいい、貪欲、瞋恚、惛沈睡眠〔心が沈み眠くなること〕、卓悔《たくげ》〔心が浮き後悔の念を起こすこと〕、疑心の五つです。

なお、この身心脱落説は、「心塵脱略（落）」の聞き違いではないかとする説があります(4)。たしかに、『如浄禅師語録』には「心塵脱落開岩洞」の語があり、寒巌義尹和尚が中国に行って、如浄の弟子の無外義遠和尚に直接書いてもらった『永平広録』の「略録序」にも、「日本元公禅師、海南より来たって、直にその室に入り、心塵脱略に向かって、生涯を喪尽す」と書かれています。

しかし、私たちにとっては、身心脱落であろうと、心塵脱略（落）であろうと、大した問題ではありません。なぜなら、心塵脱略（落）といえども、身体脱落なしには不可能ですし、また心塵脱略（落）なしには、身体脱落もありえないでしょうし、本当の意味で解脱することは、身も心も脱落しなければ不可能です。先の五欲や五蓋という考え、あるいは心の塵という考えもまた、それなりに面白い着想です。以下においては、心の塵を洗い落とし、心を自由闊達なものにする「心学道」のあり方について究明してみましょう。

三　心学道のいろいろ

心学道には、いろいろな心をもって学道することがあることを、道元は、「身心学道」の巻で次のように述べています。

「心《しん》をもて学するとは、あらゆる諸心をもて学するなり。その諸心といふは、質多心《ちったしん》・汗栗駄心《かりだしん》・矣栗駄心《いりだしん》等也。又感応道交して、菩提心をおこしてのち、仏祖の大道に帰依し、発菩提心の行李《あんり》を習学するなり。たとひいまだ真実の菩提心おこらずといふとも、さきに菩提心をおこせりし仏祖の法をならふべし。発菩提心なり、赤心片々なり、古仏心なり、平常心なり、三界一心なり。」（眼蔵・身心学道、一 128）

ここでは、心学道とは、あらゆる機会を捉えて自らの心を発して道を学ぶべきことが説かれています。まず、質多心とは、心の一つの名前cittaというサンスクリットに由来するものであり、心を、①乞利陀耶《ふりだや》（肉団心、心臓）、②縁慮心《えんりょしん》（慮知心に同じ）、③質多耶《ちったや》（第八阿頼耶識）、④堅実心（如来蔵真心）等に区別する中の一つです。[5]

このように、肉体的心臓、認識主観としての第八識、心の奥に存する如来蔵としての真心（真如心）に対して、過去の諸経験としての種子を集積し、それを基礎として新しい経験を生起させる第八阿頼耶識が、質多心と呼ばれるのです。原理的にはそうなるのですが、道元自身の解釈に従えば、次のように表現されます。すなわち、「おほよそ心三種あり。一者質多心、此方称㆓慮知心㆒〔一には質多心《ちったしん》、此の方には慮知心と称す〕。二者汗栗駄心、此方称㆓草木心㆒〔二には汗栗駄心《かりだしん》、此の方には草木心と称す〕。三者矣栗駄心、此方称㆓積聚精要心㆒〔三には矣栗駄心《いりだしん》、此の方には積聚《しゃくじゅ》精要心《しょうようしん》と称す〕。このなかに菩提心をおこすこと、かならず慮知心をもちゐる、菩提は天竺の音、ここには道といふ、質多は天竺の音、ここには慮知心といふ」(眼蔵・発菩提心、四176/177)と。このように、道元は、質多心を慮知心として説明しています。質多の本来の意味が縁慮・慮知にあるからでしょう。これは、先の四種の心のうち、②縁慮心と③質多耶とを総合した意味ともとることができます。

さて、このように、仏教における「心」の概念の多様さに応じて、その理解の仕方も多種多様であり、『正法眼蔵』の中には、道元独特の鋭い見解が見受けられます(第一章第三/四節参照)。以下においては、「心学道」についての道元の解釈の実例として特に「赤心」「古仏心」「平常心」の三種を取り上げて究明し、しかるのちに、「心学道」一般について総括的に考察することにします。(6)

三・一　赤心学道

発菩提心については、最終章において論ずることにして、ここでは、赤心片々ということについて考察をめぐらしてみることにします。赤心とは、いつわりのない心であり、まごころであり、誠の心です。何ゆえに、良い心が赤で、悪い心が黒(腹黒い)なのでしょうか。これは大変面白い問題ですが、その探究は言語学者や文化人類学者に譲っておきましょう。ともあれ、赤心は「丹心」または「丹誠」とも言われます。これを仏教的に解すれば、自己を空しうした、いつわりのない誠の心であり、そのような心をわがものとした禅者においては、「尽十方界是真実人体」と喝破されるでしょう。そのときには、世界の事柄がわが事柄となり、世界が、自己の赤心一片によって覆い尽くされてしまうのです。「はかりしりぬ、この三千大千世界は赤心一片なり」(眼蔵・如来全身、三351)。しかし、いくら自己が世界に蔓延したところで、その自己がわがままなかぎりの自己なら何の価値もないのです。世界を覆う自己は、観世音菩薩のように三十三身をもって、あるいは千手千眼をもって、それぞれ困窮している一切衆生を救済し尽くさんとするような慈悲の固まりでなければならないのです。このように、特に慈悲の働きの甚だしいことを「赤心片々」と言い、『碧巌録』の第一則には、「雪竇《せっちょう》這裏に到って、不妨《なかなか》に人の為に赤心片々たり」という言葉があります。[7] この点において、「赤心片々」ということは、「衆生無辺誓願度」の働きにも対応するものです。

さらに、道元は、「赤心片々」ということについて次のような提唱を展開しています。

「『赤心片々』といふは、片々みな赤心なり、一片両片にあらず、片々なり、荷葉団団似鏡〔荷葉団団《かようだんだん》、団なること鏡に似たり〕、菱角尖尖尖似錐〔菱角尖尖《りょうかくせんせん》、尖なること錐に似たり〕、かがみににたりといふとも片々なり、錐ににたりといふとも片々なり」（眼蔵・身心学道、一132/133）。荷《か》とは蓮のこと。はちす、芙渠《ふきょ》、芙蓉《ふよう》などと言われるものです。ひつじぐさ科の多年生草本《そうほん》です。また沼地にはえる水草です。柄が長く、その実と根茎を食用とするものです。荷葉とは蓮の葉のことであり、蓮の葉は丸いことの代名詞です。菱《ひし》はひし科の一年生草本で、水草の一種で、池や沼に自生し、葉は三角形で四方に広がり水面に浮かびます。夏に白い花を開き、秋に稜角のある実を結ぶものです。菱の果実は、固い殻で覆われ、両側に鋭い刺がついていますが、食用にされます。

すなわち、赤心は各人の全力投球〔尽力現成《じんりきげんじょう》〕としての真心です。したがって、赤心を一つ二つと数量化することもできず、また長短や是非善悪によって区別することもできません。真心は、一にして全であり、是非善悪を超えているのです。このありさまを「片々」と言うのです。それは、ちょうど、蓮の葉が団子のように丸く、その丸さが鏡に似ているようなものであり、菱《ひし》[8]の実が稜角に尖っているありさまは錐に似ているようなものです。丸いものは丸いなりに己の本分を尽くし、尖ったものは尖ったなりに己の使命を果たすのであって、そこに是非善悪も上下の差別もないのです。二番目に古い『正法眼蔵』の注釈書『御抄』によれば、「赤心とはあらはなる心なり、解脱の心地也、心の無辺際なる道理、一法究尽の理を如此云也〔かくの如く言うなり〕、一片とも両片とも難定〔さだめがたし〕、只片片なり。是は、荷葉は団々としてまろにて法界を尽し、菱角は尖々としてするどくして法界を尽す心地也」（『註解全書』五 345）。

さらにまた、道元は、「身心学道」の巻の終わりに近いところで、「赤心片々」ということを生死の問題に関連付けて、次のような形でその言葉が出てくる、圜悟克勤《えんごこくごん》（一〇六三～一一三五）(9)の偈頌を引用しています。「生也全機《しょうやぜんき》現《げん》、死也全機現《しやぜんきげん》、逼塞大虚空《ひっそくだいこくう》、赤心常片々《せきしんじょうへんぺん》（生も全機現なり、死も全機現なり、大虚空に逼塞し、赤心つねに片々たり）」（眼蔵・身心学道、一 138）。「生也全機現、死也全機現」という言葉は、禅の専売特許的なものですが、これは、要するに、私たちは生においても死においてもつねに全力投球し、一心不乱に振る舞わねばならないということを意味しているものです。そのありさまを、ここでは、圜悟克勤が「逼塞大虚空、赤心常片々」と表現したものに他ならないのです。しかしながら、「逼塞大虚空とは、一物ありて大虚空にふさがりしといふにあらず、那竿は恁麼長、這竿は恁麼短、ものみなそれなるを、逼塞大虚空とはいへり」（蔵海著『私記』、『註解全書』五 371）ということなのです。それゆえ、片々とは、どうでもよいような片端や端くれの一片ではなくて、それぞれが己の力を存分に発揮して自己の本分を尽くしているありさまを言い表す言葉なのです。

三・二　古仏心学道

そもそも、古仏ならびに古仏心とは何を意味するのでしょうか。古仏とは文字通り、古の仏、過去世に現れた諸仏の総称であり、古は歴史のかがみであると同様に、古仏もまた仏道修行者のかがみとなるものです。それゆえ、道元も次のように語っています。すなわち、「古仏の道を参学するは、古仏の道を証するなり。代々の古仏なり。いはゆる古仏は、新古の古に一斉なりといへども、さらに古今を超出せり、古今に正直（正に直通）なり」（眼蔵・古仏心、一 200）。このように、古今を超越し、古今に真っ直ぐに繋がった古仏の心は、永遠不変の普遍的な真理としての「（仏教）本具の妙心」とも言われます。その場合、古仏と心との間に隔てがないということ、両者は同じものであることに注目すべきです。しかも、驚くべきことに、禅においては、歴代の祖師が古仏であり心であるばかりでなく、「露柱灯籠《ろちゅうとうろう》、牆壁瓦礫《しょうへきがりゃく》」までもがすべて古仏であり心である、とされる点です。

道元は南陽慧忠と僧（洞山とされる）との問答[10]を次のように引用しつつ解釈しています。

「古仏心といふは、むかし僧ありて大証国師にとふ、「いかにあらむか古仏心」。

ときに国師いはく、「牆壁瓦礫」。

しかあればしるべし、古仏心は牆壁瓦礫にあらず、牆壁瓦礫を古仏心といふにあらず。古仏心それかくのごとく学するなり。」（眼蔵・身心学道、一 133）

これは一体どのような見解なのでしょうか。まず南陽慧忠の解答は、禅宗の通念として理解可能な内容です。しかし、道元の提唱は、いつものように難解すぎます。そもそも、牆壁瓦礫は禅宗においていかなることを意味するのでしょうか。

まず第一に、牆壁瓦礫（かきね・かべ・かわら・いしころ）は無心で霊性・心性のないものの譬えであり、一切衆生悉有仏性の原理からしても万物みな法身でないものはなく、したがって牆壁瓦礫といえどもすでに仏心・仏性の現れであるからです。それゆえにこそ、第二に、牆壁瓦礫はもと無心であることによって、かえってよく、人間的分別心としての取捨選択的な二元的対立を超越した、根源的な絶対不動心を表すことができるのです。

道元は、「虚空」の巻では「いま壁面人と人面壁と、相逢相見する牆壁心枯木心、これはこれ虚空界なり」（眼蔵・虚空、三414）と述べています。たとえば、坐禅するということは、ここで言われる「壁に向かって坐禅する人とその壁とが不二一体となること」であり、それはまた共に古仏心を意味する「壁の心と枯木の心とが互いに出会い相見ること」であり、これは人間的分別心としての是非善悪を超越し、非思量不染汚のところ、すなわち、古仏心の世界としての虚空界に遊ぶ心境を言い表しているのです。虚空とは、いわゆる空間がもつ有限的限定では規制されえない、広大無辺な空間であり、すべてを包容する自由な空間を意味する言葉です。坐禅人の住む世界とは、何ものにもとらわれない自由な空間、無碍自在な空間、つまり虚空界でなければならないのです。

　このように、道元の提唱するところは、古仏心という固定概念にも、牆壁瓦礫という固定概念にもとらわれないところに真の古仏心・牆壁瓦礫心が自由自在に働くことを狙っています。つまり、「いかにあらむか古仏心」と力んでいるものに対しては、それとなく「牆壁瓦礫」と答えればよいのですが、どちらにとらわれても、それはもはや古仏心ないしは牆壁瓦礫の真生命を喪失していることになります。そこを戒め、警告を発する意味でも、道元の提唱はさらに仏向上の精神にふさわしいものとなっています。そのように、絶えざる自己否定による自己超越としての自己向上のかがみとなるものこそ、古仏心学道に他ならないのです。

　さらにまた、道元は、「古仏心」の巻においては、次のような問答をも導入し、自らの宗乗を提唱しています。

漸源仲興《ぜんげんちゅうこう》大師、因みに僧問う、『如何なるか是れ古仏心』。
師云く、「世界崩壊《ほうえ》す」。
僧云く、「甚麽《なに》としてか世界崩壊す」。
師云く、「寧《むし》ろ我身無からん」。（眼蔵・古仏心、一 205/206）[11]

何ゆえに、「如何なるか是れ古仏心」という問いに対して、漸源仲興は、「世界崩壊す」と答えたのでしょうか。それは、「如何是古仏心」と言うとき、本当に古仏心が分かっていれば、世界は古仏心ばかりになっている、問う者も問われる者も共に古仏心のただ中にあるでしょう。そうすると、そこには、世界はもはやなきに等しい、世界の中にあるのは、古仏心のみです。このことを世界崩壊と言うのです。これに対して世界はどうして崩壊するのですか、あなたも私も共に存在し、道場もあり境内もあるではありませんか、まだまだ世界はありますよ、と僧が答えたのです。これに対して、漸源仲興は「世界が古仏心三昧ということは、世界も私もない、あるのは古仏心のみである」と答えたのです。そこで、道元は、これらの問答に対して、次のような提唱を展開しているのです。

「いはゆる世界は、十方みな仏世界なり。非仏世界いまだあらざるなり。崩壊《ほうえ》の形段《ぎょうだん》、この尽十方界に参学すべし、自己に学することなかれ。自己に参学せざるゆゑに、崩壊の当恁麼時は、一条両条、三四五条なるがゆゑに無尽条なり。かの条々、それ寧無我身《ねいむがしん》なり。我身は寧無なり。而今《しきん》を自惜《じしゃく》して、我身を古仏心ならしめざることなかれ。」（眼蔵・古仏心、一 206）

この一段を簡単に現代語訳すれば、次のようになるでしょう。

「崩壊と聞いて世界が文字通りこわれたなんて思いなさんな。世界も古仏心世界なのだから、その古仏心世界を尺度として学ぶべきであって、勝手気儘な自己の思惑を標準としてはならない。そのような自己を超えたときには、あるものすべての一つひとつがみな無限の真実としての古仏心となるのである。なぜなら、それぞれにエゴ的自己執着が消えているからである。いま目前の小さな自己を惜しんで、古仏心を修行するチャンスを失ってはならないのである。」

そのように、「如何是古仏心」の問いは、私たちをして仏法の何たるかを工夫参究せしめる好因縁たりうるのです。

三・三　平常心学道

さて次に、道元は、平常心《びょうじょうしん》に関しては、次のように語っています。

「平常心といふは、此界他界といはず、平常心なり。昔日はこのところよりさり、今日はこのところよりきたる。さるときは漫天さり、きたるときは尽地きたる。これ平常心なり。平常心、この屋裏《おくり》〔己自体のこと、自己自身のこと、自家、自家裏〕に開門す、千門万戸一時開閉なるゆゑに平常なり。いまこの蓋天蓋地は、おぼえざることばのごとし。噴地《ふんち》〔くしゃみをすること〕の一声のごとし。語等なり、心等なり、法等なり。寿行生滅《じゅぎょうしょうめつ》〔寿命の動向と生命の推移〕の刹那に生滅するあれども、最後身《さいごしん》〔生死界における最後の身〕よりさきはかつてしらず。しらざれども、発心すればかならず菩提の道にすゝむなり。すでにこのところあり、さらにあやしむべきにあらず。すでにあやしむことあり、すなはち平常なり。」（眼蔵・身心学道、一133/134）

さてそれでは、まず「平常心」ないし「平常」とは何でしょうか。「平常」とは、言うまでもなく、日常、普段ということに他なりません。それゆえ、「平常心」とは、日常生活を送るのに自然と働いている心、日常心、平生心に他なりません。そのように、平常心も天地一杯のものであり、自覚しようとしまいと委細かまわずに、無意識裡に働き、まるでくしゃみのように説明もなしに行われているのです。もし、仏道修行が平生の心がけで行われるようになるところまで、己の心境が高まれば、そこから発せられる言葉もおのずから道にかなってくるわけです。それは、仏の言葉、こころ、法などに等しいものです。人間的生命の刹那生滅はたしかにありますが、死後のことは誰にも分かりません。分からなくとも発心すれば必ず菩提に至ることをうるのです。このことは疑ってはなりませんが、よしんば疑うこと自体がすでに平常心是道に包まれているから行われるのです。それは、ちょうど、破戒したということが成り立ちうるのもまさに戒を自覚し、戒に意味と価値とを知ることに起因するようなものです。

屋裏（裡）の人とは、堂奥に達した人、または同学同参の人です。

臨済は「你《なんじ》が一念心上の清浄光は、是れ你が屋裏の法身仏なり。你が一念心上の無分別光は、是れ你が屋裏の報身仏なり。你が一念心上の無差別光は、是れ你が屋裏の化身仏なり」（『臨済録』「示衆」）と述べています。[12] これを現代語訳すれば、「諸君の本来の心に具わった清らかな光が法身仏であり、諸君の心に本来具わった、思慮分別を超えた光が報身仏であり、諸君の心に本来具わった、差別を超えた光が化身仏である」となりましょう。[13]

このように、私たちの心の中には、本来は、物事に執着する分別心や差別心を超越した、無差別無分別な、清浄無垢な心、すなわち、仏心が備わっているわけです。しかしながら、凡夫の日常心は、残念ながら、欲望と煩悩に追い回され使いまくられているのですが、そのような本能的な欲望生活を支える心が奨励されているわけでは決してありません。

道元に従えば、「不貪染《ふとんぜん》は不染汚《ふぜんな》なり、不染汚といふは平常心なり、吾常於此切《ごじょうおしせつ》（吾れつねにここに於て切なり）なり」（眼蔵・神通、二131/132）。ここで言われる「不染汚」は六祖慧能（六三八～七一三）の言葉であり、「平常心是道」は馬祖道一（七〇九～七八八）ならびに南泉普願（七四八～八三四）の言葉であり、「吾常於此切」は洞山良价（八〇七～八六九）の言葉です。そもそも「平常心是道」は禅のモットーとなっているほどですが、それは、平生の喫茶喫飯がすべて道と一体になり、悟りそのものであることを意味するものです。私たちが日常生活を送るには、さしあたり「行住坐臥」の四威儀が不可欠ですが、そうならば、日頃より、すなわち平常心からして、この四威儀が整えられ、如法に行われるならば、すべての働きはすでに仏法にかないうるのです（威儀即仏法、作法是宗旨）。このような、「平常心是道」というモットーは、馬祖道一によって初めて称えられ、南泉普願によっても継承され、中唐以後の禅思想を貫く根本命題となりました。[14]

実際、どうもがいてみたところで、またどんなに結構なことを述べたとしても、結局は私たちは人間であり、人間的日常性からおさらばすることはできません。飢えきたれば喫飯し、疲れきたれば横臥するしかないのです。だから、どこで何をしていても平常心あるのみです。悟りも迷いも皆ここにあるのです。またいつでも、昔も今も平常心から出入するのみです。天地と一体になって去来するものが平常心です。しかも、この日常生活の修行的実践によって、凡夫でありつつ、その凡夫をしてたちどころに仏祖の四威儀を身につけさせる最適の方法が、たとえば禅の道場における生活様式だと思います。それゆえ、道元は次のように語ります。「おほよそ仏祖の屋裏には、茶《さ》飯《はん》これ家常《かじょう》なり。この茶飯の儀、ひさしくつたはれて、而今《にこん》の現成《げんじょう》なり。このゆゑに、仏祖茶飯の活計きたれるなり」（眼蔵・家常、三263）。

三・四　心学道のまとめ

以上、心学道として挙げられている諸心のうち、これまでは特に赤心、古仏心、平常心の三つに限定して「心学道」のそれぞれのあり方について論じてきましたが、ここでは、これらをまとめて語っている道元の言葉を引用しながら、心学道のあり方を総括することにしましょう。

「これらの心を放下して学道するあり、拈挙して学道するあり。このとき、思量して学道す、不思量して学道す。あるいは金襴衣《きんらんえ》を正伝《しょうでん》し、金襴衣を稟受《ぼんじゅ》す。あるいは汝得吾髄《にょとくごずい》あり、三拝依位而立《さんぱいえいにりゅう》あり。碓米伝衣《たいべいでんえ》する、以心学心也。剃髪染衣《ていはつぜんえ》、すなはち回心《かいしん》なり、明心《みょうしん》なり。踰城《ゆじょう》し入山《にっさん》する、出一心、入一心なり。山の所入なる、思量箇不思量底《しりょうこふしりょうてい》なり。世の所捨なる、非思量《ひしりょう》なり。これを眼睛《がんぜい》に団じきたること二三斛《こく》〔斛は石とも書き、容量の単位であり、一斛は十斗である。なお十升は一斗である〕、これを業識《ごっしき》に弄《ろう》しきたること千万端なり。かくのごとく学道するに、有功《うこう》に賞おのづからきたり、有賞《うしょう》に功いまだいたらざれども、ひそかに仏祖の鼻孔《びくう》をかり

て出気《すいき》せしめ、驢馬《ろば》の脚蹄《きゃくてい》を拈じて印証せしむる、すなはち万古《ばんこ》の榜様《ぼうよう》なり。」（眼蔵・身心学道、一128/129）

以上の文章をいくらか補足しながら現代語訳すれば、大体以下のようになるでしょう。すなわち、「心学道といっても、諸心を突き放して学道することもあり、あるいは逆に諸心をこらして学道することもあるのだ。たとえば、厳しく叱った方がよいときもあるし、やさしく扱った方がよいときもあり、そこは臨機応変に人や物に接していかなければならない。その場合にも、あらんかぎりの思慮分別をめぐらすときもあり、あるいはそうした人間的思慮分別を超えて無差別智をもって接しなければならないときもある。そのような心学道によって、釈迦牟尼仏は摩訶迦葉尊者に金襴衣を正伝し、摩訶迦葉尊者はその金襴衣を禀受したのであり、達磨大師は二祖慧可に、『汝、吾が髄を得たり』と印可証明し、二祖慧可は三拝してこれを受けたのであり、米を碓でついていた六祖慧能に対して五祖弘忍は衣を伝えて印可証明したのである。あるいは、ゴータマ・シッダルタは城の門を越え出て山に入って出家し修行生活に入った。そこには出入の一心があるのだ。山に入る心、世を捨てる心、両者共に人間的思慮分別を超えている。このようにして、数限りないほど、仏法を見抜く心の眼力を育成し、これ（菩提心）を分別思慮（慮知心）に活用して現実に適用し活用してきたのである。それゆえにこそ、心学道の修行によってそれ相応の悟りが得られるのであり〔有功《うこう》に賞おのづからきたり〕、修行にはこれでよいということはないけれども〔有賞《うしょう》に功いまだいたらざれども〕、時には仏祖の鼻の穴を借りて呼吸させ、時にはロバの脚の蹄を借りて悟りの因縁とするように、いろいろな因縁を契機として悟りを得るのは永遠の昔からの修行の規範〔万古の榜様〕である」。

四　身学道の立場

さて、これまでは心学道についてのみ集中的に述べてきたのですが、私たち人間においては、心だけが身から離脱してそれのみで存在するということはありえないのです。したがって、心学道を語ることは、同時に身学道を語ることでなければなりません。道元禅は、身心学道を強調し力説するかぎりにおいてのみ、心学道と身学道を語るわけですから、その辺は現実を誤認してはならないのです。さてそれでは、「身学道」とはどんなことでしょうか。(15)

「身学道といふは、身《しん》にて学道するなり。赤肉団《しゃくにくだん》の学道なり。身は学道よりきたり、学道よりきたれるは、ともに身なり。尽十方界《じんじっぽうかい》是《ぜ》箇《こ》真実人体《しんじつにんたい》なり、生死《しょうじ》去来《こらい》真実人体なり。この身体をめぐらして、十悪をはなれ、八戒をたもち、三宝に帰依して捨家出家する、真実の学道なり。このゆゑに真実人体といふ。後学かならず自《じ》然見《ねんけん》の外道《げどう》に同ずることなかれ。」（眼蔵・身心学道、一134）

懐弉の伝える道元語録としての『正法眼蔵随聞記』には、仏道は身心一如というけれども、要するに「道を得ることは心を以て得るか、身を以て得るか」という懐弉の問いかけに対して、道元は次のように答えています。「そのなかに心を以て仏法を計校《けこう》する間は、万劫千生《まんごうせんしょう》得べからず。心を放下《ほうげ》して知見解会を捨つる時得るなり。見色明心聞声悟道の如きも、猶身の得るなり。然あれば心の念慮知見を一向に捨て只管打坐すれば道は親しみ得るなり。然あれば道を得ることは正しく身を以て得るなり」（和辻哲郎校訂『正法眼蔵随聞記』、岩波文庫、一九二九年、二の二六、p.69/70）。

たしかに、私たちは生きているかぎりは何らかの迷いがあります。そういう意味では、心意識で考えているかぎりは、どうしても迷い、思い切って何かをやり遂げることができません。行為は、最初は心の中で始まったとしても、最終的には身体によって遂行され、人が見ている世界の中で実現されなければならないものです。すなわち、行為は心に始まり、身体を介して物とならなければ、世界の中の、他者の目前にもたらされえないのです。それゆえにこそ、真に行為するためには、心は身となり、身は物とならなければならないのです。したがって、人間が行為するためには、何はともあれ、自らの心意識の思いを越え出ていくこと〔思いを切ること〕としての思い切りが必要です。身学道の優位もこのような点にあるのです。

たとえば、比叡山延暦寺の阿闍梨さんの回峰行も、多分さしあたり身学道を遂行し、同時にそのことを通じて心学道を成就しているのです。あるいは逆に考えれば、身学道としての回峰行ができるということは、すでに回峰行ができるほどに心学道が洗練されているのですが、身学道としての回峰行を重ねることによって、さらにいっそう洗練された心学道の次元に達しうるのであり、さらにそのような心境からなされる身学道もまた、なおいっそう洗練されたものとなるというように、身学道と心学道とは自乗的、相互関連的に自己を高めることに役立っているのです。

それゆえ、「身を以て道を学ぶ」ことをしないで、そのままの本能的人生をもって仏道が成就できると思うならば、それは自然外道、天然外道以外の何ものでもありません。道元も引用しているように、「もし本より清浄、本より解脱にして、自《おの》ずから是れ仏、自《おの》ずから是れ禅道の解を執《しゅう》せば、即ち自然外道《じねんげどう》に属す」（『広燈録』九「百丈」）[16]、と。むしろ身学道を通して初めて、私たちが誰でもどの瞬間においてもいかなる場所においても陥る可能性のある自然外道から免れることができる、と解すべきです。なにしろ、「火」という言葉を何万回語っても書いても少しも火傷はしないけれども、本物の火に触れればたちどころに皮膚が爛れ、苦痛に苛まれます。それほどまでに、身学道は直接的で具体的なものなのです。そういう意味で、身学道は心学道の実験・実証です。しかし、身学道だけではその意味と価値とが明確に自覚されえないでしょう。身学道の方向づけと意義づけとは、人間においてはやはり心学道によって整備されねばなりません。

このような身学道と緊密な連関のもとにあるのが「行仏威儀《ぎょうぶついいぎ》」という考え方です。道元によれば、「諸仏かならず威儀を行足す、これ行仏なり」（眼蔵・行仏威儀、一151）。考えてみれば、仏とは一体何ものでしょうか。特に、現実にほとけとは何でしょうか。釈迦も達磨もすでに過去の仏祖です。いまやすでに令和も4年となっておりますが、現実に仏は存在しているのでしょうか。実際、どんなに優れた禅者でも、仏様と言えるほどの人間はいらっしゃるのでしょうか。しかし、坐禅しているかぎりは、正しい修行をしている間は、行仏威儀そのものではないでしょうか。少なくともその修行者の心のうちはともかく、行者としては行仏です。行によって仏の真似をするのです。

それゆえ、「威儀即仏法、作法是宗旨」という道元禅のモットーは、それを実行する人の「身学道」がそれなりのものならば、十分に様になっているでしょう。しかしながら、もしそれが形骸化して、外面的な形ばかりをととのえるだけで、内面的な充実（心学道）がこれっぽっちもなければ、いかなる意味もなくなります。しかし、もちろん私たちは、先に回峰行という身学道の尊き実例において触れたように、優れた意味での身学道としての「威儀即仏法、作法是宗旨」を実現しなければなりません。そのときには、この「行仏威儀」は、単に坐禅だけでも修行だけでもなくて、人間生活のすべての営みにおいて実現可能でなければなりません。それゆえ、行仏威儀は日常生活のすべての局面を代表する行住坐臥において実践されなければならないのです。それがかなえば、「行もまた禅、坐もまた禅、語黙動静体安然《ごもくどうじょうたいあんねん》（喋っているときも、黙っているときも、体を動かしているときも、体を休めているときも、身心が落ち着き安らかであること）」（永嘉大師「証道歌」）となるのです。

これまで考察した問題は、道元禅の次元における身学道の問題ですが、これはもっと広義においては、人間の行為と身体性の関係の問題であり、それは、西洋哲学において重要視され論じられてきた問題でもあります。たとえば、行為者としての人間存在は、自らの身体をもって、あるいは本人自身が身をもって、一定の時間と一定の場所（いまとここ）に現存在すること、居合わせながら存在すること、居合わせること、参列・臨席・登場しなければなりません。この身をもってなす参列行為の内にすでに、行為者の思想と信条が（心情も）集約され表出され表現されているのです。

たとえば、裁判官が身をもって登場することによって、法的な行為世界の代表者として振る舞っているのであり、この行為は、法世界を維持促進する意味ではギリシア的な「実践」行為を営み、新たな判決によって法世界を一新したり変革したりするという意味では近代的な「実現」行為を遂行しようとしているのです。人間的身体の一挙手一投足の内にすでにその身体を動かす行為主体の立場・観点・考え方が露呈されており、行為者がどのような原理・原則を拠り所としているかが目の当たり示唆されているのです[17]。

ここには、行為の身体性の問題があります[18]。そもそも、私たち人間の身体は（精神でさえも）自然物の一つにすぎません。この自然の中においてのみ行為も思惟も可能なのです。私たちはややもすると、心意識によって事物を対象化して考察できるという能力に騙されて、人間が自然や身体から遊離して空理空論に走るという過ちをしばしば犯してしまいます。しかしながら、よくよく自己自身の足元を冷静に反省してみるならば、決して心身分離も人間と自然との乖離も不可能であることが明らかになるでしょう。いやそれどころか、私たちの身体こそが、行為を決する一大要素であることが明らかになるでしょう。行為が身体を通じて実現されるかぎりは、行為は、始めの段階では、心意識の内で思案され計画されているときには自然から抽象されているにしても、最終的には自然の世界において具象化されねばならないのです。自由が自然とならねば、行為は行為とならないのです。行為を実現することによって、自由を可能性から現実性（自然）へ転換しうるものは身体をおいて他にはないのです。

ちなみに、人間身体の重要性について一石を投じたニーチェ（1844-1900）は、精神を小さな理性、身体を大きな理性と呼ぶことによって、身体－理性の優位性を唱道しました。あるいはまた、批判哲学を樹立したカントは、理論理性に対する実践理性の優位を唱え、「すべての関心は実践的であり、思弁的理性の関心ですら制約されたものにすぎず、実践的使用においてのみ全きを得るのである」と言っています。(19) 以下においては、これらの問題を考察して、本章の結びとすることにします。

五　大きな理性としての身体——身体と大地の意味

デカルトやカントに代表される「考える自我」としての理性の立場はそれなりに有意義ですが、それは同時に、一方においては感覚や身体の意義を不当に軽視しがちであるという危険性を孕み、他方においては人間的自我の有限性を忘れてそれを絶対化するという恐れがあります。こうした精神としての理性の立場の主唱者たちを、ニーチェは「身体の軽蔑者」と呼び、ツァラトゥストラをして次のように語らしめています。

「身体の軽蔑者たちに対して私は私の言葉を語りたい。彼らは新たに学び説を改める必要はないが、ただ彼ら自身の身体に別れを告げればよいのだ——そして沈黙していればよいのだ。

「私は身体であり霊魂である」と子供は語る。何ゆえに人は子供の如くに語ってはいけないのだろうか。

しかし、覚者・知者は言う、私は全面的に身体であり、そしてそれ以上の何ものでもない、霊魂は身体に属する何ものかを表す言葉にすぎないのだ。

身体とは一つの大きな理性であり、一つの意味をもった多様性であり、一つの戦争にして一つの平和であり、羊の一群にして一人の羊飼いである。
わが兄弟よ、君が「精神」と呼んでいる、君の小さな理性もまた、君の身体の道具にすぎないのだ、すなわち君の大きな理性の一つの小さな道具であり玩具にすぎないのだ。
「私」と君は語り、しかもその言葉を誇りに思っている。しかし、より大なるものは、君はそれを信じたくはないのだが、君の身体であり、その身体の大きな理性である。そのものは私とは言わないが、私を行ずる。
（das sagt nicht Ich, aber tut Ich.）[20]」

私たちが最も崇高なものだと思って使っている仏とか神とかの言葉ですら、身体をもつ生物体としての人間の本能の所産であるとしたら、私たち人間の宗教や哲学の所説はまことにあやしいものとなりかねません。理性も悟性もみな人間身体の道具であり玩具にすぎないとすれば、どんなに高尚な概念も、さしあたり人間精神の道具であり玩具であり、結局は人間身体の道具であり玩具にすぎないものとなります。このようなニーチェの「能動的にして根源的なニヒリズム」には、ほとんど「一切皆空」の自覚に通ずる真理があります。そこでは神も仏も「虚」なる概念にすぎないのです。「了々として見るに一物もなし。亦人もなく仏もなし。大千沙界海中の泡《あわ》」（永嘉大師「証道歌」）と、六祖の弟子、永嘉玄覚はすでに唐代において道破していました。

さらにまた、ニーチェは、『ツァラトゥストラはかく語りき』においては、こうした「自我」ないし「私」（Ich）の概念よりも、「自己」（Selbst）の概念の方をより根源的なものとみなし、自己と身体とをほぼ同一視して、次のような見解を展開します。

「感覚と精神とは道具にして玩具である。これらのものの背後には、まだ自己が横たわっている。自己は感覚の眼を借りて尋ねもし、精神の耳を借りて聞きもする。

つねに自己は、聞いたり尋ねたりする。自己は比較し、強制し、征服し、破壊する。自己は支配する、そして私の支配者でもある。

わが兄弟よ、君の思考と感情の背後には、一人の強力な命令者、一人の知られざる賢者がひかえている――それは自己と呼ばれる。君の身体の中に彼が住んでいる、君の身体が彼である。[21]」

私たちがいかに高尚な説を垂れても、結局は、それはわが肉の指令であったとは何と恐ろしいことではないでしょうか。私たちの精神活動も無意識裡に身体の命ずる、あるいは身体の欲するところに従って行われているかもしれません。このことは証明できません。このように、人間の生は、知性では割り切れない不可解で不気味な要素・契機を孕んでいます。私たちは、日日三回の食事を摂取し、私たちの肉体と精神の維持管理に努めていますが、そのことは一体全体何のためなのでしょうか。たしかに、腹が減っては戦ができぬ、と言うように、身体の最低限度の健康が維持されないかぎりは、精神活動でさえ満足に営むことはできません、まして況んや肉体活動においてをや、です。しかしながら、やみくもに動物的、本能的に健康であっても、人間の尊厳を知らない健康、人格的な感応道交のない健康賛美など何の意味もないどころか、むしろ忌避すべきものです。問題は、君の身体と同一視される「自己」の根本姿勢・態度です（第一章第一節参照）。

周知の如く、何はともあれ、「己事究明」は禅の専売特許であり、そこにおいては、すでに述べたように、「身学道」としての「赤肉団」の学道が主唱されていました。しかも、不思議なことに、漢和辞典を繙けば明らかなように、漢字「身」は、もちろん第一に「み」「からだ」「身体」を意味するけれども、第二に「みずから」「自分で」ということを意味している言葉です。ニーチェは、理論的には、こうした「身学道」の重要性を見抜きえたように思えますが、実際に禅仏教に出会っていたら何と語ったでしょうか、ニーチェに聞いてみたいものです。[22]

さて、ニーチェは精神に対する身体の優位を主唱すると同時に、「大地の意味」をも賞賛しています。実際のところ、私たちの行為は、自然の内で、かつ大地の上で実現されねばなりません。このように、ちょうど精神が身体によって制約されているのと同じように、身体はまさしく自然と大地によって制約されています。人は大地の上に、かつ大地とともに行住坐臥しなければなりません。人間の住む場所は天の上ではなくて天の下、すなわち大地において初めて可能です。したがって、ニーチェは、ツァラトゥストラをして次のような仕方で大地の意味を解釈させます。

「自我、それはますます誠実に語ることを学ぶ。そして、それが学べば学ぶほど、それは身体と大地とに対していよいよ多くの言葉と敬意とを見出す。

私の自我は私に新しい矜持を教えた。この矜持を私は人間たちに教える。すなわち、もはや天上的事物という砂の中に頭を突っ込むことをではなく、大地の意味を創造する大地の頭を自由にもたげることを教えるのだ。[23]」

釈尊の悟りの言葉は、「我与大地同時成道、山川草木悉皆成仏〔我と大地と同時に成道す、山川草木悉く皆成仏す〕」でした。悟りは、自分一人が独占するものではなく、大地や山川草木などの大自然とともに享受するものです。しかも、このとき、悟りを天上の彼岸に置くのではなく、大地の此岸に見るところの釈尊の悟りの言葉は、仏教がこの世の人間と自然の救済をこの世のこの大地で行うことの宣言でもあります。かつて釈迦はいたずらに禁欲的な苦行をすることを捨てさる決意をしました。仏教寺院の比較的大地にゆったりと構えた構造に比べて、大地に広がるよりも天上高く聳え立つ教会建築に象徴されるように、プラトン的・キリスト教的世界観は、さしあたりこの現実世界よりも天上の永遠世界により高い価値を見たように思えます。このように、キリスト教が、あまりに天上の至福を唱え、彼岸的世界を卓越視してこの現実世界をなおざりにしたことへの警鐘が、右のニーチェ『ツァラトゥストラ』の言葉であると言えましょう。もともとはキリスト教の牧師の子であるニーチェもイエス・キリストは評価していましたが、歴史的に形成され枯渇したキリスト教という宗教団体には鋭い批判の刃を向けました。しかし、この批判的な眼は、仏教者といえども決して忘れてはならないものです。自己批判の精神がなくなれば、人間はもはや進歩できません。

注

（1）『哲学事典』「心身問題」平凡社、一九七一年、七四六頁参照。
（2）創発（emergence）とは、一般に進化論で用いられる概念で、先行与件に基づく予言や説明が不可能な進化・発展・飛躍を意味する。テイヤール・ド・シャルダンやホワイトヘッドなどの生物学的哲学者は、この創発の思想を受け継ぎ展開させている。同右、「創発」、八六四頁参照。
（3）宇井伯寿訳注『宝慶記』、岩波文庫、一九八四年第四刷。
（4）高崎直道・梅原猛著『古仏のまねび〈道元〉』、仏教の思想11、角川書店、一九六九年、五〇頁参照。有福孝岳『道元の世界』、大阪書籍、一九八五年、四九／五〇頁参照。
（5）駒澤大学内・禅学大辞典編纂所編『禅学大辞典』、大修館書店、一九七八年。
（6）『正法眼蔵』の中には、「発菩提心」というタイトルが、旧草七十五巻本中の第六十三巻と、新草十二巻本中の第四巻の両巻に冠せられている。当該箇所はもちろん新草十二巻本中の第四巻である。
（7）入矢氏他訳注の『碧巖録』では、「赤心片々」を「まごころを砕くこと」と注釈している。入矢義高他訳注『碧巖録』上、岩波文庫、一九九二年第一刷、五二／五三頁参照。
（8）菱（蔆）は池沼に自生する、ヒシ科の一年生水草。葉はひし形で水面に浮いている。夏、四弁の白い花をつけ、秋に角状突起のあるひし形の実を結ぶ。実は食用にする。実の角の三つまたは四つのものを芰き、二つのものを淩《りょう》（菱）という。鎌田正・米山寅太郎著『大漢語林』、大修館書店、一九九二年、初版第二刷参照。

（9）圜《えん》悟《ご》克《こく》勤《ごん》（一〇六三～一一三五）は中国宋代の文筆に優れた揚岐派の禅僧であり、雲門宗の禅僧、雪竇《せっちょう》重顕《じゅうけん》（九八〇～一〇五二）の「頌古百則」に「垂示・着語・評唱」を加えて成ったものが、「宗門第一書」と称される『碧巌録』である。当初は門人の筆録によって伝えられ、のち中国大徳四（一三〇〇）年に公刊された。

（10）眼蔵・古仏心、一203本文および202脚注参照。

（11）なお、この問答は、『景徳伝燈録』巻十一、末山了然尼章にあり、漸源仲興の章にはなく、しかも、「世界崩壊」の語がなくて、「世界傾壊」となっている。

（12）入谷義高訳注『臨済録』、岩波文庫、一九八九年、三六～三八頁参照。

（13）なお、ここで言われている法身・報身・化身〔応身〕は、仏の三身と言われ、第一の法身仏は絶対的真理そのものとして永遠不滅的なものであるが、人格性を持たないとされ、第二の報身仏は修行を積んでその報いとしての完全な功徳を備えた仏身であり、第三の応身仏〔化身仏〕は、たとえば観世音菩薩が三十三身を現じて説法するように、様々な衆生の救済のために、それらに応じて現れる仏身である。

（14）『禅学大辞典』「平常心是道」参照。「示衆に云く、道は修を用いず、但し汚染すること莫れ。何をか汚染をなす。但、生死の心有り、造作趣向、皆是汚染、もし直にその道を会せんと欲せば、平常心是道、平常心と謂うは、造作無く、是非無く、取捨無く、断常無く、凡無く、聖無く、（中略）如今行住坐臥、応機接物、尽く是れ道」（『景徳伝燈録』二八、馬祖道一章）。

（15）有福孝岳『道元の世界』、三五二～三五五頁参照。

（16）『広燈録』とは、宋の李遵勗《じゅんきょく》が編集し、紹興一八（一一四八）年に出版。李遵勗は、臨済宗に連なり、石門聡に散じて省吾し、天聖七（一〇二九）年、宋仁宗皇帝に本書を献上するや、『景徳伝燈録』に続くものとして、時の元号を冠し『天聖伝燈録』の名と序を賜った。特に南岳下の前者を詳述し、馬祖以後の祖師の語録のほぼすべてを収録している点は貴重である。

（17）F・カウルバッハ著・有福孝岳監訳『行為の哲学』、勁草書房、一九八八年、六五～七六、二六七／二六八頁参照。

（18）有福孝岳『行為の哲学』、情況出版、一九九七年、四二～四五頁参照。

（19）『実践理性批判』アカデミー版第五巻、一二二頁参照。

(20)『ツァラトゥストラはかく語りき』、ツァラトゥストラの説話、身体の軽蔑者について、K・シュレヒタ版『ニーチェ全集』、第二巻、三〇〇頁参照。

(21)『ツァラトゥストラはかく語りき』、前掲書、三〇〇／三〇一頁参照。

(22)たとえば、鎌田正・米山寅太郎著『大漢語林』（大修館書店、一九九二年）、尾崎雄二郎他編『角川・大字源』（角川書店、一九九二年再版）等の「身」の項目参照。

(23)『ツァラトゥストラはかく語りき』、前掲書、二九八頁参照。

第五章　心不可得ということ

一　心の不可解さ――過去心不可得、現在心不可得、未来心不可得

道元の『傘松道詠』には「草庵雑詠」として、次のような歌があります。

心とて人に見すべき色ぞなき　ただ露霜のむすぶのみして

なお、『道元禅師和歌集』に従えば、最後の一句は「むすぶのみして」ではなくて、「むすぶのみ身で」となっています。(1) これらどちらの歌も、心の問題を題材としつつ「心不可得」を詠じていますが、特に後者においては、最後の一句において、身と心との関わり合いが語られているのが特徴的です。いずれにしろ、心そのものは不可解なままに留まりつつも、心の思いが身体的動きとなって結果することにかわりはありません。「心とてげに不思議なるものぞなし　ただ働きのあるのみにして」（孝岳）ということです。なぜなら、心というものは、眼で見ることも耳で聞くこともできないにもかかわらず、つねに働いているからです。感覚的対象にはならないもの、それにもかかわらず、そのような感覚を働かせ、思惟と行為の主体となるものが「心」と呼ばれているものです。私たちは、

音もなく香もなくつねに働いている心の実体を知りえないので、これを実体化して霊とか魂とか霊魂とか呼んでいるだけの話です。

さて、心の不可解さを語るものとして、『金剛般若経（金剛般若波羅蜜多経）』の第十八節「一体同観分」には、次のような文章が出てきます。最初に漢訳仏典からの書き下し文とサンスクリット原文からの和訳とを続けて引用して見ることにします。

漢訳書き下し文「仏、須菩提《しゅぼだい》に告げたもう、そこばくの国土の中のあらゆる衆生の若干種の心を、如来は悉く知る。何を以ての故に。如来は、もろもろの心を説きて、皆非心となせばなり。これを名づけて心となす。ゆえはいかに。須菩提よ、過去心も不可得、現在心も不可得、未来心も不可得なればなり」(2)。

梵文和訳「師は言われた、――「スブーティよ、これらの世界にあるかぎりの生きものたちの、種々さまざまな心の流れをわたしは知っているのだ。それはなぜかというと、スブーティよ、《〈心の流れ〉〈心の流れ〉というのは、流れではない》と、如来は説かれているのだ。それはなぜかというと、スブーティよ、過去の心はとらえようがなく、未来の心はとらえようがなく、現在の心はとらえようがないからなのだ。」」(3)。

さてそれでは、ここで言われる「過去心、現在心、未来心」とはいかなるものであり、「不可得」とはどのようなことを意味するのでしょうか。過去、現在、未来は要するに時間の三契機です。これらの時間の三契機と心が結び付けられたとき、どのような意味合いがあるのでしょうか。一般に『金剛経』の根本思想は「空」の論理によって支えられています。したがって一切の対象的・実体的存在が相対的観点においては縁起（因縁生起）として承認されるにしても、絶対的観点においては否定されます。これは、いわゆる「般若即非」の論理と言われるものです。

ちなみに、『金剛般若経』、「究竟無我分第十七」では、「須菩提よ、言う処の一切の法は、即《すなわ》ち、一切の法に非《あら》ず、この故に、一切の法と名づくるなり（須菩提。所言一切法者。即非一切法。是故名一切法）」という文章があります(4)。同じく、『金剛般若経』、「非説所説分第二十一」では、「須菩提よ、かれは衆生にも非ず、衆生ならざるものにも非ず。何を以ての故に。須菩提よ、衆生、衆生とは、如来（これを）衆生に非ずと説きたればなり。これを衆生と名づくるなり（須菩提。衆生衆生者。如来説非衆生。是名衆生。）」という文章があります(5)。

このように、般若即非の論理によって、言い換えると、空という観点からの絶対的否定の論理を媒介にして、初めて相対的関係性の内にある諸事物の縁起的あり方が自覚されるのです。さてそれでは、この空そのものを直観する認識能力は人間にあるのでしょうか。それがなければ空は知られえないであろうし、それがあれば、すべては一度は否定されなければならないでしょう。

「般若」の直観知と言われるもののみが空を把握するのですが、空の把握と言っても、何も把握すべきものがないと知るのが、すなわち、空の直観知に他ならないのです。たとえば、無上の悟りとは、悟るべき何ものもないと悟ることに他ならないのです。ちなみに、釈尊が獲得された悟り、すなわち、仏教における最高の悟りは、「無上《むじょう》正等正覚《しょうとうしょうかく》」「阿耨多羅三獏三菩提《あのくたらさんみゃくさんぼだい》（anuttara samyaku-sambodhih）」と名づけられています。たとえば、『金剛般若経』、「無法可得分第二十二」では、「須菩提、仏に白して言う、『世尊よ、仏の、阿耨多羅三獏三菩提を得たもうは、得る所無しとせんや。』「かくの如し、かくの如し。須菩提よ、われ、阿耨多羅三獏三菩提において、乃至、少しの法も、得べきもの有ること無し。これを阿耨多羅三獏三菩提と名づくるなり」（須菩提白仏言。世尊。仏得阿耨多羅三藐三菩提。為無所得。如是如是。須菩提。我於阿耨多羅三藐三菩提。乃至少法可得是名阿耨多羅三藐三菩提）(6)」というように、最高の悟り、悟りを超えた悟りについて語られています。それは「悟りにとらわれない悟り」の境地、「不可得の中《うち》に只麼《しも》（ただひたすら）に得たり」（永嘉大師「証道歌」）という境地の悟りです。

「不可得」とは、何でしょうか。それは、「過去心不可得、現在心不可得、未来心不可得」の例において明らかになったように、心性はもともと無自性で、認識の対象にならないことを意味しています。したがって、道元は、これを本来不可得な法性真如と同義語とみています。心即不可得、不可得即心として、心と不可得とが二元的に対立することなく、不可得こそまさに心の実態であり、この実態が法性そのものであると考えているのです。

「而今《にこん》の思量分別は心不可得なり、使得《しとく》十二時の渾身《こんじん》これ心不可得なり、仏祖入室《にっしつ》よりこのかた心不可得を会取す、いまだ仏祖の入室にあらざれば、心不可得の問取なし、道着なし、見聞せざるなり」（眼蔵・心不可得、一190/1）[7]。さてそれでは、心不可得の問取・道着・見聞を可能にする仏祖の入室とはいかなることでしょうか。このことは、以下にいろいろな側面から考察することにして、まず次には、過去心・現在心・未来心という言葉に含まれている、「時間」と「心」との関係をあきらかにしてみましょう。

二　心と時間

時間と空間という二つの「直観の形式」（カント）を人間がもつのは、まさしく、人間存在が心と体、精神と身体（肉体）から成り立つからに他なりません。実際においても、体は空間の内に位置していることは、この五感をもって直接的に体験把捉することができるのですが、心の存在や時間の意識は一体いかにして可能なものでしょうか。心の存在は、心の自覚以外のどこにもありません。心を別にしてどこにも心を覚知せしめるものはないのです。それどころか、本当は、身体や空間ですら、その意味合いは、この内的精神の自覚を通じてのみ知られるものに他ならないのです。そうであるならば、時間の自覚はなおいっそう心の内にしかありません。なぜなら、時間というものは心の内面以外のどこにもないからです。否、むしろ、時間のみならず、空間もまたまさしく人間の心の働きの一つとしての認識能力の働きの仕方（直観の形式）に他ならないのです。言い換えれば、カントも『純粋理性批判』の「超越論的感性論」において語っているように、人間精神が事物を内的に直観することは時間を通じてのみ可能なのであり、外的に直観することは空間を通じてのみ可能なのです。それでは、時間とは何でしょうか。

たとえば、時間的意味を表現する言葉として、前後継起、同時、永遠、瞬間、持続、変遷などの諸概念がありま す。これらの概念はすでに時間の解釈でもあり観方でもあります。こうした時間の観方そのものが可能になるのは、人間精神の働きの根本特質としての「直観」能力のしからしめるところです。しかしながら、不思議なことに、もし単に時間だけが存在して事物が存在しないならば、同じく、単に空間のみが存在して事物が存在しないならば、結局は、時間も空間も知られえないであろう、ということです。特にこの不知覚性は、時間において顕著な特質です。知覚されるものは、時間において存在する事物であって、時間そのものではないのです。つまり、時間そのものは知覚されえないのです（カント）。時間において変化する事物の存在形態を通じて、時間という「直観の形式」が知られるのですが、それにもかかわらず、カントは、この「直観の形式」は、感性の形式として、一切の事物を取り去ってもなお残留するものとして、時間と空間とを、全くア・プリオリなものとして考えました（『純粋理性批判』「超越論的感性論」(8)）。

なお、ここでは心と時間との関係が主要問題なので、空間の問題はさしおいて、時間の把握のみに問題を限定することにします。そうすると、たとえば時間の把握に関して二つのあり方が区別されます。一つは、経験的把握作用たる知覚の対象としての時間問題が語られています。およそ、経験なしには、生き生きした具体的な認識は不可能です。そして、経験を重ねることによって、いつも経験を支配し経験を貫く普遍的な法則の存在を知ることができるのです。だからこそ、具体的な経験的直観としての時間的前後関係が可能となるのも、まさしく時間という純粋直観の仕方が根底に前提されているからである、というのがカントの「超越論的感性論」の観点です。「超越論的」あり方とは、個々の経験に妥当するけれども、それ自体は経験的でないもの、普遍的な根拠を可能にするあり方です。たとえば、前後、継起、持続、変化、同時、永遠、瞬間、刹那などの諸概念は、そもそも時間という直観形式を、人間が、すなわち人間精神としての心が持つからこそ可能になるものに他ならないのです。畢竟するに、時間の諸相は人間の心の働きの仕方以外の何ものでもないのです。

時間において存在する対象の変化・変貌を比較し対照化することによってのみ、時間の推移を知ることができます。もし永遠の存在のみを見ていると、時間の推移が分かりません。たとえば、坐禅をしていると、異様に時間が長く感じられることがありますが、これは坐禅中には物体的・具体的な対象を見ることなく、体も動かさずにじっとしているからです。本当に禅定に集中していると、時間の長短は忘れることができるのですが、ほとんどの場合、不十分な禅定をしているので、妙に心意識が働き、足の痛さも手伝って、坐禅は極めて時間を長く感じさせてくれます。それは変化がほとんどないからです。変化があまり頻繁だと、時間の推移に気がつかないでしょう。変化する事物の多様性に心を奪われて、時間の推移を忘却することがよくあります。

しかしながら、時間の推移は単に一方的に永遠の存在だけでも全然分からないし、はたまた、単に一方的に変易変遷する存在者のみならば、一切は一期一会であって、瞬時に過ぎ去り流れ去るのみで、私たちは何ものも捉えられえないし、脳裏や意識裡に留まるものを何一つ持ちえないでしょう。このことから明らかになるのは、変化を知るためには、変化しないものと変化するもの、持続的なものと消え去るものという二つの異なった要素の結びつきないしは相互関係が必要だということです。これらの異的要素を、西洋哲学は実体と属性と呼び、仏教哲学は性と相と名づけています。

さて、『正法眼蔵』「現成公案」の巻には、次のような一節があります。

「たき木、はひとなる、さらにかへりてたき木となるべきにあらず。しかあるを、灰はのち、薪はさきと見取すべからず。しるべし、薪は薪の法位に住して、さきありのちあり。前後ありといへども、前後際断せり。灰は灰の法位にありて、のちありさきあり。かのたき木、はひとなりぬるのち、さらに薪とならざるがごとく、人のしぬるのち、さらに生とならず。しかあるを、生の死になるといはざるは、仏法のさだまれるならひなり。このゆゑに不生といふ。死の生にならざる、法輪のさだまれる仏転なり。このゆゑに不滅といふ。生も一時のくらゐなり、死も一時のくらゐなり。たとへば、冬と春とのごとし。冬の春となるとおもはず、春の夏となるといはぬなり。」（眼蔵・現成公案、一 55/56）

ここの一節は、薪と灰という非常に分かりやすい具体的実例を用いて、仏教における空の論理としての不生・不滅を語ると同時に、仏教的時間論や仏教的因果論を展開しているところです。薪と灰は、普通には前後関係を形成しますが、ここでは「前後ありといへども、前後際断せり」と道元は述べています。この「前後際断」という発想は、時間論的には、「絶対的現在」の観点であり、それぞれが絶対的に独立していることに起因する観点です。このことは同時に、個物・個体の絶対的独立性という存在論的見地と軌を一にしているのです。薪はどこまでも薪であって灰ではないし、灰もまた徹底的に灰であって薪ではありません。春と夏の関係に関しても全く同じことがあてはまります。しかしそれにもかかわらず、薪と灰、春と夏とを共に連関させて観察する立場に立てば、やはり、そこには前後関係や因果関係を認めることができます。仏教においても、「空」と同時に「中道」と「縁起」を相互連関的に考えなければならず、それがまさしく『般若心経』において「色即是空」とのみ言われるだけではなくて、同時に「空即是色」と言われる所以です。したがって、「前後ありといへども、前後際断せり」ということだけではなくて、むしろ「前後際断せり」といえども「さきありのちあり」という局面を忘れてはいけません。

このように、前後関係を考察するためには、そこに、対象を、実体と属性、性と相、不変的なものと変化するものとの相互関係において捉えなければなりません。仏教の空観からすれば、一切の実体は否定されるのですから、このような前後関係・因果関係はすべて「仮のもの」「虚仮《こけ》」ということになるでしょう。ちなみに、聖徳太子の遺言に「世間《せけん》虚仮《こけ》唯仏《ゆいぶつ》是真《ぜしん》（世間は虚仮にして、ただ仏のみこれ真ぞ）」（『天寿国繍帳銘・聖徳法王帝説』）という金言があります。(9) しかし、いくら世間虚仮といっても、世間において世間の人とともに生きるしか道がありませんし、いくら一切皆空といっても、縁起の法によってしか人間は生きられないのです。なぜなら、生きるということがまさしく世間の中の営みだからです。これはどんな偉い人であろうと、偉くない人であろうと、関係ありません。

ところで、事物を前後関係や因果関係の観点から考察するということは、事物がそもそもそういう関係をもつからではなくて、むしろ事物を考察している人間の主観的な枠組みにすぎないのです。ちなみに、仏教には、「一水四見」（「一処四見」「一境四見」とも言う）の譬えがあり、いわゆる水を、「上界の天人は甘露と見、人間は浄水と見、魚は宮殿楼閣と見、餓鬼は火焔と見るなり」と言われます。(10) このような「一水四見」という考え方は、人間の認識がいかに人間という種に特殊な観方であるかを語っており、なおかつ、各々の存在にとって、認識が極めて主観的なあるいは独断的ないしは偏見的に成り立っていることさえも露呈してしまっています。しかも、同じ人間同士においても、同じ水を見る眼が、観点・経験・趣向・意志等々の主観的相違によっても、あるいは教育・環境・職業・仕事等々の客観的相違によっても甚だしく異なってくるということも、上述の譬えは示唆しています。つまり、一つの対象を対象として認識し限定するということは、そういうふうに自己の認識を自己限定する自己自身のあり方を露呈しているのです。そうすると、対象を限定することは自己を限定することであり、対象を見ることは自己を見ることでもあるのです。

さてそれでは、時間と心と自己とはいかに関わり合うのでしょうか。時間がなければ、過去・現在・未来の三世の違いもなく、前後関係も連続性も分かりません。心の働き方としての時間、「内的直観の形式」ないしは「内感の形式」としての時間は、「私たち自身と私たちの内的状態とを直観する〔観る〕形式」に他ならない」とカントも述べています。[11] ちなみに、自らの履歴書一つ取り上げてみても、時間の流れが区別されつつ連続性をもつがゆえにこそ、自己自身の人生の軌跡としての履歴ないしは経歴を提示することができるのです。この点から言っても、自己自身の歴史、つまり人生の軌跡としての履歴という時間は、たしかに自己自身の姿を顧みる形式なのです。

しかしそれにもかかわらず、過去心不可得、現在心不可得、未来心不可得とはいかなることでしょうか。過去とはいかなるものでしょうか。過去とはすでに過ぎ去った時間であり、もはや存在しない時間です。それにもかかわらず、過去は過去として存在しています。それならば、そもそも過去は一体どこにあるのでしょうか。過去は心の中、記憶の中にしかありません。記憶とは何でしょうか。それは再生以外の何ものでもありません。再生と持続の内にのみ過去はあるのです。未来とは何でしょうか。そもそも未来はまだ到来していない時間です。現在において、未来は到来していない時間としてすでに心の中に存在しているのです。そのような時間としての未来をその到来に先立って表象することができるということは、いかなることなのでしょうか。未来はまさしく現在における想像であり創造に他なりません。しかも記憶も想像も心の働き以外の何ものでもありません。それゆえ、時間は、ことごとく心の内にあります。なぜなら、時間をもつということは、まさしく、心の働きだからです。

以上述べてきたことから明らかなように、過去・現在・未来の三世のうち、本当に具体的に存在するのは現在のみです。それも今の今としての目の当たりに現前する瞬間・刹那のみです。しかしながら、瞬間・刹那といえども、時間は次から次へと流れ去るのみで、瞬時も留まらないのです。そもそも留まるものは時間ではありません。時間は瞬時も留まることなく、去り行くものです。時とは、瞬間の花であり、「点的閃電光」です。[12] かつて、インドの仏教者は、空の時間的形態としての「無常」をしばしば「夢・幻・泡・影・雷電」などに譬えました。「意馬心猿」という言葉もあるように、心意識の動きも時間的流れと同じく変転極まりないもの、落ち着きのないものです。心が流れるがゆえに、時間が流れるのです。心が留まれば時間も留まるのです。

『無門関』の第二十九則は「非風非幡《ひふうひばん》」というテーマのもとに、以下の如き問答が展開されています。「六祖、因みに風刹幡《せつばん》を颺《あ》ぐ、二僧有り、対論す。一は云く、幡動く、と。一は云く、風動く、と。往復して、曽つて未だ理に契《かな》わず。祖云く、是れ風動くに非ず、是れ幡動くに非ず、仁者が心動くなり、と。二僧悚然《しょうぜん》〔おそれること〕たり。」

さて、幡《はた》が動くとか、風が動くとかいうことは、共に対象にとらわれた、客観的な知見解会の表現ですが、仏教的な主体的な解答ではないのです。「三界唯心」の観点からすれば、これらの二つの見地は、共に「心が動く」がゆえに成り立ちうることに他ならないのです。二人の僧もそのことは学問的には分かっていたはずですが、しかし体験的に己の事柄としては忘れており、自分の足元から離れて、頭だけで対象を考察したばかりに、「風動・幡動」の戯論に陥っていたのです。まだ正式の僧侶になりもしないうちから、このような大力量の持ち主であったのが、六祖、大鑑慧能《だいかんえのう》です。(13)

ここまでの話だけでは、心の問題が究められたとは到底言いがたいので、以下においては、徳山和尚と餅売りの老婆との問答商量を考えてみることにしましょう。

三　徳山和尚と老婆との問答

そもそも徳山宣鑑和尚（七八〇〜八六五）は、かつて、「金剛般若経をあきらめたりと自称す、あるいは周金剛王と自称す」（眼蔵・心不可得、一 191）と言われるぐらいに、『金剛般若経』に通暁していました。特に、唐の時代、長安の青龍寺に住した僧、釈道氤《しゃくどういん》が玄宗皇帝（六八五～七六二）の勅命により撰した『御注金剛経疏宣演』（いわゆる『青龍疏』）に精通し、十二人の人が担ぐほどの大量大部な仏教書を著述したり編纂したりしていたので、これに並ぶ仏教学者（文字法師）はいなかったほどです。しかしながら、南方に菩提達磨が伝えた禅仏教（「嫡々相承の無上仏法」）が流行していると聞いて、「いきどほりにたへず、経書《きょうしょ》をたづさへて山川をわたりゆく。ちなみに龍潭《りゅうたん》の〔崇〕信禅師（年代不詳、天皇道悟〔七四八～八〇七〕の法嗣）の会《え》にあへり。かの会《え》に投ぜんとおもむく、中路に歇息《けっそく》〔休息〕せり。ときに老婆子《ろうばす》きたりあひて、路側に歇息せり」（眼蔵・心不可得、一191）。このような仕方で出会った両者の間には、次のような問答商量が展開されました（眼蔵・心不可得、一191～193）。

徳山宣鑑講師「あんたは何をしている人ですか。」
老婆子「私は餅を売ってなりわいとしている老婆です。」
徳山「私にも餅を売ってもらいたい。」
婆子「和尚さんは餅を買って何にするのですか。」
徳山「餅を買って点心〔少量の食べ物を心胸（腹）に点ずること、おやつ〕にしようと思う。」
婆子「ところで、和尚さんが肩に担いでおいでの大きな荷物は一体何でございますか。」
徳山「お前さんは聞いたことがないのかね。私は「周という家名で、『金剛経』の第一人者（周金剛王）」と言われているのだ。私は、だから、『金剛経』に精通しており、分からないところはどこもないほどである。
　私がいま持っているのは、『金剛経』の注釈書である。」
　このように聞いたとき、老婆は次のように質問するのです。
婆子「この老婆に一つ質問がございます。和尚様、私が質問することを許していただけますか。」

徳山「許しましょう。あんたの思うがままに何でも質問しなさい。」

婆子「私は、かつて、『金剛経』を聞いたとき、その一節に、『過去心不可得、現在心不可得、未来心不可得』という言葉がありました。いま和尚さんは、点心をお望みですが、その場合は、『過去心不可得、現在心不可得、未来心不可得』のうちの何れの心を、餅を買って点じようとなさるのですか。」

およそこのような問答において、徳山和尚は全然答えることができなくなって、茫然自失の状態に陥りました。老婆の方もこんな文字法師には餅を売る気が起こらなくなりました。そもそも、何ゆえに、周金剛王と言われる徳山和尚が、餅売りの老婆の質問に窮したのでしょうか。それは、学問も人生と関わりのないところでやれば、このように老婆にやられることになるのです。そもそも、理論と実践、言葉と行為などの二元論的区別も、両者の調和こそが最も有意義であり、どちらの一方に傾いても駄目です。そして、理論ばかり振りかざしても実践や体験がなければ、その理論は実証性を欠くものとなるのと同じように、言葉や口先ばかり上手くても、実際の行為で身をもって示すことができなければ、信用や信頼を得ることはできません。龍潭和尚に参禅する以前の徳山和尚は、『金剛経』の言葉の解釈はできても、その生きた意味を理解することはできなかったのです。

ちなみに、道元の『草庵雑詠』には「詠法華経」というテーマのもとに、次のような歌が詠まれています。すなわち、「この経の心を得れば世の中の　うりかふ声も法《のり》をとくかは」という歌があります。この歌の意味とは逆に、徳山和尚は、『金剛経』の心が、しかも心不可得ということが、本当には分かっていなかったのです。それまでの『金剛経』の解釈書は、画に書いた餅であって、そんな餅では空腹を満たすことはできません。さてそれでは、現実の生きた餅とはいかなるものでしょうか。道元は、徳山和尚と老婆との問答を吟味しつつ、両者共に許さずに、驚くほどの綿密さと執拗さをもって、両者の問答に対して、およそ以下の如き解釈と展開とを試みています。

「つら〳〵この婆子《ばす》と徳山と相見する因縁をおもへば、徳山のむかしあきらめざることは、いまきこゆるところなり。龍潭をみしよりのちも、なほ婆子を怕却《はくきやく》〔おそれこわがること〕しつべし。なほこれ参学の晩進なり、超証の古仏にあらず。婆子そのとき徳山を杜口《ずく》〔口を閉ざす・沈黙すること〕せしむとも、実にその人なること、いまださだめがたし。そのゆえは、心不可得のことばをきゝては、心、うべからず、心、あるべからず、とのみおもひて、かくのごとくとふ。徳山もし丈夫なりせば、婆子を勘破《かんぱ》するちからあらまし。すでに勘破せしかば、婆子まことにその人なる道理もあらはるべし。徳山いまだ徳山ならざれば、婆子その人なることもいまだあらはれず。」（眼蔵・心不可得、一194）

さらにこれに続けて道元が書いているところに従えば、およそ以下のようになっています（眼蔵・心不可得、一195/196）。すなわち、道元が見た大宋国の雲水僧たちが、いたずらに徳山が答えられなかったことを嘲笑し、婆子の怜悧さを称賛するのみであるのは、まことに嘆かわしい、おろかなことである、と道元は述べています。そのわけは次のようなものです。私が婆子を疑うのは、理由のないことではない、と。つまり、徳山が答えられなかった（道不得）のに、どうして婆子は徳山に対して、「和尚いま道不得なり、さらに老婆にとふべし、老婆かへりて和尚のためにいふべし。」と言わなかったのか、と道元は老婆を批判しています。「かくのごとくいひて、徳山の問いをえて、徳山にむかふていふこと道是《どうぜ》ならば、婆子まことにその人なりといふこと、あらはるべし」。しかるに、老婆にはたしかに問い（問着）はあったけれども、答え（道処）がまだないのです。一かけらも答えのないような問いのみでは、真実の自己に目覚めた本分人と言うことはできません。いたずらに、「自称何々」と言ったところで、その無益さは、徳山の「周金剛王」の例において見ることができるのです。質問するのみで真の道得がないものをゆるしてはならないことは、老婆の例において知ることができましょう。よい答えを導きだそうとすれば、まずよい質問をしなければなりません。

こういうわけで、道元は徳山も老婆も許しません。まず、徳山に対しては、次のように言わなければならない、と道元は書いています。すなわち、老婆が問いを発したとき、徳山は老婆に対しては、「恁麼則你莫二与レ吾売レ餅〔恁麼ならば、則ち、你《なんじ》、吾《わ》が与《ため》に餅を売ること莫れ〕」と言うべきであった、と。もしこのとき徳山がこのように言えたならば、伶利〔賢く鋭いこと、怜悧〕な参学者であったけれども、そうではありませんでした。

次にもし、徳山が、現在心不可得、過去心不可得、未来心不可得、いま餅でもって何れの心を点ぜようとするのか、と訊ねたならば、老婆は徳山に対して次のように言うべきであった、と道元は述べています。すなわち、「和尚は、もちひの、心を点ずべからずとのみしりて、心の、もちひを点ずることをしらず、心の、心を点ずることをもしらず」と。これは一体、いかなる意味を含んだ提唱なのでしょうか。「もちひの、心を点ずべからずとのみしりて」というのは、「心不可得」のさしあたりの普通の認識を意味するでしょう。これに対して、「心の、もちひを点ずることをしらず、心の、心を点ずることをもしらず」ということはいかなることでしょうか。ここでは、心と餅とが二元論的対立関係にあるのではなく、「三界唯一心・心外無別法・心仏及衆生・是三無差別」の論理と同じく、〔点〕心と言い、餅と言い、〔心〕不可得と言うも、ことごとく同じことを言っているのです。三者が一枚ならば、区別のしようがありません。

さらに、道元は、先の引用文に続けて、以下のような仕方で、老婆と徳山和尚に対する批判を展開しています。

「恁麼いはんに、徳山さだめて擬議すべし。当恁麼時《とういんもじ》、もちひ三枚を拈じて徳山に度与《どよ》すべし。徳山とらんと擬せんとき、婆子いふべし、過去心不可得、現在心不可得、未来心不可得。もし又、徳山展手《てんしゅ》擬取《ぎしゅ》〔徳山手を展《の》べて取らんと擬《ぎ》す〕せずは、一餅を拈じて徳山をうちていふべし、無魂屍子、你莫二茫然一〔無魂の屍子、你茫然たること莫れ〕。かくのごとくいはんに、徳山いふことあらばよし、いふことなからんには、婆子さらに徳山のためにいふべし。たゞ払袖《ほっしゅう》してさる、そでのなかに蜂ありともおぼえず。徳山も、われはいふことあたはず、老婆わがためにいふべし、ともいはず。

しかあれば、いふべきをいはざるのみにあらず、とふべきをもとはず。あはれむべし、婆子・徳山、過去心・未来心、問着《もんじゃく》・道着《どうじゃく》、未来心不可得なるのみなり。」（眼蔵・心不可得、一196/197）

以上の引用文を現代文に和訳すれば以下のようになるでしょう。

「和尚さまは、もちひの、心を点ずべからずとのみ知っておられて、心のもちひを点ずることをご存じなく、さらにまた、心の心を点ずることをもご存じない」というふうに老婆が言えば、徳山も推し量り考え及ぼして、何か答えようとするであろう。そのときに、老婆はもちひを三枚取り出して、徳山に与えるのがよいが、その際、徳山が取ろうとするときには、過去心不可得、現在心不可得、未来心不可得と言えばよいし、取ろうとしなければ、もちひ一つをもって徳山の頬でも叩いて、「この腑抜け和尚さん、ぼんやりしなさるな」と言えばよい。老婆は、ただ袖を払って出ていったのみで、自分自身のもとに、そうした葛藤を突き破る一刀があることを知らないのである。徳山も、自分は言うことができないので、おばどの、私のために一言言ってくれとも言わない。そういうわけで、両者共に言うべきことも言わず、問うべきことも問わずじまいである。あわれなことに、老婆も徳山も、過去心および未来心について問うことも言うこともせず、未来心も全く分かっていないのである」。以上が道元の老婆と徳山和尚とに対する批判です。

これほどまでに、親切に、老婆と徳山に対して、為人の説法を展開する道元の人となりは類まれなものです。私たちは、ともすれば、起こすべき疑問も起こさずにやり過ごしてしまうものですが、道元の提唱は、そのような私たちの怠慢と惰眠に覚醒の警鐘を響かせるものです。大抵は、老婆が徳山の文字仏教をやっつけたところで、有名な禅の公案として片づけられるのですが、そんなことには満足せずに、さらに老婆の問いが本物の問いであったかどうかを吟味する道元の提唱は、極めて高い次元を指し示しており、その炯眼は驚嘆の他ありません[14]。

四　達磨安心

ここでは、別の観点から、心不可得の問題に焦点を当ててみましょう。『無門関』の第四十一則の表題は「達磨安心」となっており、次のような話がのっています。

「達磨面壁《めんぺき》す。二祖、雪に立ち、臂《ひぢ》を断って云く、弟子未だ安んぜず、乞う、師安心せしめたまえ。磨云く、心を将《も》ち来れ、汝が為に安んぜん。祖云く、心を覓《もと》むるに了《つい》に不可得なり。磨云く、汝が為に安心せしめ竟《おわ》んぬ。」

禅宗の初祖、菩提達磨が梁の武帝と出会ったとき、武帝の問い「仏教の最高の原理は何ですか〔如何是聖諦第一義〕」に対して、「そんなに聖諦第一義にこだわるところには第一義はありません、第一義とはまさしくそういう執着を離れた空の原理であって、そこでは聖も俗もありません〔廓然無聖〕」と答え、さらには、「それなら私の目の前にいらっしゃる聖者は誰ですか〔対朕者誰〕」という問いに対して、「知らないよ〔不識〕」と答えました。

禅宗の初祖、菩提達磨と、二祖、大祖慧可との出会いは、道元の筆にかかると、私たちの涙を誘わずにはおれません。菩提達磨の居する嵩山の少林寺に、十二月のある大雪の日に、入室を乞うが許されないので、「この夜、ねぶらず、坐せず、やすむことなし。堅立不動《けんりゅうふどう》にしてあくるをまつに、夜雪《やせつ》、なさけなきがごとし。ややつもりて腰をうづむあひだ、おつるなみだ滴滴《てきてき》こほる。なみだをみるになみだをかさぬ、身をかへりみて身をかへりみる」（眼蔵・行持下、一 364/365）。このような壮絶な状況を見ていた初祖は、ついに二祖に話しかけたのです。

「初祖、あはれみて昧旦《まいたん》（夜明け方）にとふ、汝久しく雪中に立つて、当《まさ》に何事をか求むる。

かくのごとくきくに、二祖、非涙ます〳〵おとしていはく、惟《た》だ願わくは和尚、慈悲をもて甘露門を開き、広く群品《ぐんぽん》を度《ど》すべし。

かくのごとくまうすに、

初祖曰く、諸仏無上の妙道は、曠劫《こうごう》（はてしもなく長い時間）に精勤《しょうごん》して、行じ難きを能く行じ、忍《しの》ぶるに非ざるに忍ぶ。豈《あに》小徳小智・軽心慢心を以て、真乗《しんじょう》を冀《ねが》わんと欲《ほっ》せば、徒労《いたずら》に勤苦《ごんく》ならん。

このとき、二祖きゝていよ〳〵誨励《かいれい》（教えを聞いて志を励ますこと）。ひそかに利刀をとりて、みづから左臂を断ちて、置于師前《ちうしぜん》する（師の前に置く）に、初祖ちなみに、二祖これ法器なりとしりぬ。」（眼蔵・行持下、一 366/367）

これが有名な「二祖断臂」の話ですが、甚だ世俗化した現代的観点から考えると、こんなことはまず皆無であろうと推測されます。しかしながら、はるか昔の故人の偉業を今日的観点から軽々に判断しては、恐れおおいことと思います。ともかく肉体を傷つけるのは極めて危ない話ですが、修行者の心構えの問題としては、非常に重要な要素ないしは契機をなすものでありましょう。とにかく、これほどまでに高潔で激しい求道心をもって初祖に参じた二祖の態度は、余人の追随あたわざるところです。

その二祖が初祖に「弟子心未だ安からず、乞う、師安心せしめたまえ」と懇請したのですが、これに対して、初祖は二祖に「心を将《も》ち来れ、汝が為に安んぜん」と要求したのです。しかしながら、よくよく考えてみると、持ち出すべき心は、摑み出すこともできず、見ることも聞くことも嗅ぐことも味わうことも触ることもできず、要するに、「心を覓《もと》むるに了《つい》に不可得なり」と言わざるをえません。そうすると、達磨は、「汝が為に安心せしめ竟《おわ》んぬ」と喝破しました。心未安とはどういうことでしょうか。何か心に物足りないところがあるのも、人間の正直な現実です。しかし、いたずらに取り越し苦労をすることは無駄です。さりとて、そう簡単に自己満足に陥るのも愚かなことです。そこのところを、自由自在でありながら、最も適切に振る舞うのが「安心立命」ということです。

心不可得というあり方は、決して消極的な態度ではありません。それは、自分自身がいまここで徹底した生き方をするということです。心とは姿勢であり、態度であり、したがって、主体の働きであり、認識の主体であり、認識の客体ではないのです。まさに「心とて人に見すべきものぞなし　ただ働きのあるのみにして」です。働くものは、対象化できません。感覚や意識の対象としての心はあくまで不可得なものですが、それ自体はつねに活動しており、人間が考え喋り行為しているときに、つねにそれらの働きの根底にあって、それらとともに働いているのです。六祖の弟子、永嘉大師は自らが作った『証道歌』において、次のような一連の詩句の中で、「不可得の中只麼《うちしも》に得たり」と述べています。

「当処を離れず常に湛然《たんねん》、覓《もと》むれば即ち知る、君が見るべからざることを、取ることを得ず、捨つることを得ず、不可得の中只麼《うちしも》に得たり、黙の時説、説の時黙、大施門《だいせもん》開いて壅塞《ようそく》〔ふさぎとめること〕なし」。「当処を離れず常に湛然《たんねん》」とは、私たちがいまここで、いかなることにおいても充実した生活を送るということです[15]。しかるに、私たちはとかく当処を離れて、今に見ておれとか思いながら、不満と不安にさいなまれ、今をおろそかにし、ここを留守にするのです。そういう意味で、真実は、いまここを離れて、己の外に求めると、かえって見ることはできないのですが、しばしばそれを忘れています。だから、賢明な振る舞いとは、敢《あ》えて取ることも、ことさら捨てる必要もなく、すなわち「追うことも拒むことをも打ち捨てて　ただ中ほどの自由自在を」ということなのです。

つまり、摑もうとするから、摑めないどころか、ますます摑みたくなるのです。しかし、その心を放てば、自分の手元になくとも、自分の手元にあるのと同じ心境になれるのだから、「放てばてにみてり、一多のきはならむや」（眼蔵・弁道話、一11）なのです。ここに空の真理があります。空の智慧としての般若をわがものとする者においては、「不可得の中只麽《うちしも》に得たり」です。喋ろうとするばかりだと、喋っただけしか喋れません。言葉にばかり頼ると、言語表現の範囲内しか力をもてません。一歩翻って、人知れず陰徳を積む行為に対しては、それを知った者は誰しも感心し敬服するでしょう。このように、言葉ではなく、行為や態度で示すという考え方は、東洋においては古来、美徳のうちに数えられています。芭蕉が「物言へば唇寒し秋の風」と語ったように、口は禍のもとです。いずれにしろ、かまびすしく言挙げせずに、黙々として善きことに励む人には頭が下がります。そのときには、黙ってやるということが、すでに人の心を揺り動かしているのです。そのようなことを理解し合える境地に立てば、「維摩の一黙雷の如し」という言葉もあるように、黙でも説であり、説でも黙のときがいくらでもあるのです。「一挙手一投足」、「行住坐臥」のことごとくが、大説法にもなりうるのです。

「大施門」とは、「広大無辺な法施の法門」、すなわち、「諸仏が衆生のために仏法を演説して、真理を教える（法を施す）法門」という意味です。もちろん、衆生の側、具体的に言えば、私たち個々人が仏道に励み、仏法をいつでも受け入れられる心構えができている場合にのみ、衆生済度の門は蓋も門もされずに開けっ放し（大施門開いて壅塞なし）となるのです（本書第六章参照）。神仏の助けが欲しかったら、その助けを受けるに値するような振る舞いを日常茶飯事から遂行しなければならないのです。「天は自ら助くる者を助く（Heaven helps those who help themselves.）」とか、「人事を尽くして天命を待つ」（胡寅《こいん》『読史管見』[16]）という諺が物語っているように、神仏の助けを願うなら、まず自己自身の行いを正すことから始めなければならないのです。

五　他心通と心不可得

ところで、『正法眼蔵』には「他心通」という一巻があり、道元一流の「他心通」の解釈を展開しています。さて、「他心通」とは、一般的には、「六心通」ないしは「六神通」の一つです。しかも、「六心通」が「六神通」とも呼ばれるのは、その能力が超人間的なので「神」と言い、また自由無擬なので「通」と言われるところにあります。すなわち、それは仏・菩薩が定慧の力によって得る六種の神通力（abhijñā）です[17]。他心通は、こうした六つの神通力のうちの一つとして、他人の心念の動きや心意識の働きなどを自由自在に察知することができる神通力を意味するのです。しかるに、道元は、六神通を特殊な能力とはみなさずに、日常のありのままの働きをこそ神通とみなし、「いま仏道に六神通あり、諸仏の伝持することひさし」（眼蔵・神通、一 330）と語っています。

六神通に対する道元のこのような認識姿勢は、「他心通」の理解に関しても同様です。したがってまた、道元は、「他心通」を上述の一般的・通俗的意味にはとらず、むしろ「他心通」の真の意義は、自他を超えた絶対心の把握にある、すなわち「仏神通」と同義である、と解釈しているのです。「他心通」の巻の冒頭には、「他心通」を獲得していると自称する「大耳三蔵《だいにさんぞう》」（長耳三蔵とも言う、年代不詳、インドないし中央アジアから来た小乗仏教を奉ずる僧）と、これを斥ける「大証国師」すなわち「南陽慧忠和尚（？～七七五）」との次のような問答が載せてあります）。

「師問うて曰《いわ》く、「汝他心通を得たり耶《や》」。
対《こた》えて云《いわ》く、「不敢〔どういたしまして〕」。
師曰く、「汝道《い》ふべし、老僧即今什麼《いずれ》の処にか在る〔さあ、君が他心通を得たのなら、わしの心がいまどこに在るか当ててごらん〕」。

三蔵曰く、「和尚は是れ一国の師なり、何ぞ却つて西川《せいせん》に去《ゆ》きて競渡《きょうと》を看ることを得んや〔どうして西川に行って競艇を看ることができないのですか〕」。

師再問す、「汝道《い》ふべし、老僧即今什麼《いずれ》の処にか在る〔わしの心がいまどこに在るか当ててごらん〕」。

三蔵曰く、「和尚は是れ一国の師なり、何ぞ却つて天津橋《てんしんきょう》の上に在つて、胡孫《こそん》を弄する〔猿回し〕を看ることを得んや」。

師第三問す、「汝道ふべし、老僧即今什麼《いずれ》の処にか在る〔わしの心がいまどこに在るか当ててごらん〕」。

　三蔵良久して、去処を知ることなし〔三蔵はしばらく考えたけれども国師の心の去処を知るよしもなかった〕。

師曰く、「遮《こ》の野狐精《やこぜい》、他心通什麼《いずれ》の処にか在る〔このインチキ野郎奴、お前さんの他心通は一体どこにあるのか〕」

三蔵無対《ぶつい》なり〔三蔵は何も答えられなかった〕。」（眼蔵・他心通、四 12-14）

　このような問答は、一体全体いかなることを意味しているのでしょうか。ところで、これと同じ問答が、九十五巻本『眼蔵』では第二の「心不可得」、つまり第十九巻目の「心不可得」の巻に（衛藤即応校註『正法眼蔵』、岩波文庫、一九三九年、上巻、第十九「心不可得」、277 参照）、あるいは大久保道舟編『古本校定・正法眼蔵・全』では「別本心不可得」要するに「後心不可得」の巻に、また河村孝道校訂・註釈『正法眼蔵』第二巻には「別輯・心不可得（後心不可得）」（『道元禅師全集』第二巻）の巻にもそれぞれ載せられています（二、498、「解題」参照）。この「心不可得」いわゆる「後心不可得」の巻の前半は、先の徳山と老婆との間の問答についての、道元の解釈を敷衍し補足するために書かれています。そこでは、三蔵と慧忠国師との問答に対して、道元は次のような見解を展開しています。以下の文章は、いわゆる「心不可得」の巻の中には見あたらず、しかも、道元における「心不可得」という考え方と、

「他心通」のそれとを橋渡しするのに好個の例文となると思われます。

「いはゆる仏道に心をならふには、万法即心なり、三界唯心なり。唯心これ唯心なるべし、是仏即心なるべし。たとひ自なりとも、たとひ佗なりとも、仏道の心をあやまらざるべし。いたづらに西川に流落《るらく》すべからず、天津橋におもひわたるべからず。仏道の身心を保任すべくば、仏道の智通を学習すべし。」（上掲、衛藤即応校註眼蔵、上巻274）

すなわち、仏道修行において、心を学ぶということは、たとえば、心と言えば「万法即心・三界唯心」というように、真理と心、世界と心とが不二一体ということを知らなければならないのです。唯心といい、即心というのもみなこのように理解しなければ駄目です。自他といっても、自他一如のところで、自らの心の働きも他者の心の働きも理解しなければなりません。あたかも心が体から遊離して、やれ西川に流れ落ちるとか、天津橋の上にあるとか、自己のあり方と心とを別々に考えては駄目なのです。身心一如という仏道の身心のあり方を持ち続けようと思えば、仏道修行にふさわしい智慧を働かさせなければなりません。したがって、これに続けて、道元は次のようにも述べています。

「いはゆる仏道には尽地みな心なり、起滅にあらたまらず、尽法みな心なり、尽心を智通とも学すべし。三蔵すでにこれをみず、野狐精のみなり。然あれば、以前両度もいまだ国師の心をみず、国師の心に通ずることなし。いたづらなる西川と天津と、競渡《きょうと》と胡孫《こそん》とのみにたはむる、野狐子《やこし》なり、いかにしてか国師をみん。また、国師の在処をみるべからざる道理あきらけし。老僧今いずれの処にかあると三たびとふに、このことばをきかず。もしきくことあらば、たずぬべし、きかざれば、蹉過《しゃか》するなり。三蔵、若し仏法をならふことありせば、国師のことばをきかまし、国師の身心をみることあらまし。ひごろ仏法をならはざるがゆゑに、人中《にんちゅう》・天上の導師にうまれあふといへども、いたづらにすぎぬるなり、あはれむべし、かなしむべし。おほよそ三蔵の学者、いかでか仏祖の行履《あんり》におよばん、国師の辺際《へんざい》をしらん。」（前掲書、上巻274/275）

ここでの道元の解釈に従えば、要するに、三蔵は、他心通に関しても、つねに、対象的な意味における心の存在形態のみを問題にしているが、それでは、仏教の心のあり方が全然分からないのです。すなわち、心が、心の主体から遊離して、あるいは西川に、あるいは天津橋に浮遊するなどということは、「三界唯心」や「心不可得」の思想がまるで分かっていないのです。そういうふうに、心のあり方を対象的に捉えることは、仏教を根本的に捉え間違えていることになるのです。そのことを、以下において考えてみましょう。

そもそも、どういう理由で、大耳三蔵の「他心通」は斥けられるのでしょうか。簡単に言えば、南陽慧忠・大証国師は「心不可得」の立場に徹底しているからです。『金剛経』には、「応無処住而生其心（まさに住する処なうして其の心を生ずべし）」という一節があり、道元は、この表題のもとに、「水鳥の遊《ゆ》くもかへるも跡《あと》たえて　されども道は忘れざりけり」と詠じました。これによって考えれば、要するに、大耳三蔵は、時空的限定としての他心通の立場にとらわれていて、「応無処住而生其心」のところで、「他心通」を捉えていないのです。だからこそ、国師の心が、西川にあるとか、天津橋にあるとか、あるいは競渡とか胡孫とかの対象物にとらわれているのです。このように、どこにも何にもとらわれることなく、「応無処住而生其心」として働く心こそ、「心不可得」とも「三界唯心」とも言われるものであり、それは、時間的・空間的限定を突き破って働くものです。したがって、仏教において許されるべき他心通もまた、当然のことながら、「水鳥の遊《ゆ》くもかへるも跡たえて　されども道は忘れざりけり」というふうに、自由自在に働きつつも、道は踏み外さないものでなければならないのです。

ところが、仏教的意味においては、他心通がなければ、衆生無辺誓願度など不可能である、という一面があります。そういう見地からすると、他心通こそは、仏教の菩薩道において最も重要な概念の一つなのです。だからこそ、他心通といっても、時間的・空間的場所にとらわれた「渉境心」であってはならず、つねに、自己と一体化した「自受用三昧心」でなければなりません。そのときには、他心通は、衆生無辺誓願度としての大乗菩薩道の根本精神を実践することを可能にする最大武器となりうるのです。考えてみれば、衆生無辺誓願度という誓願を満たすためには、私たちは一切衆生の苦悩を見抜く力を必要とします。最も優れた意味での慈悲心が生じてくるためには、衆生の苦悩をたちどころに見破る力、仏教的な優れた意味での「他心通」という「神通力」を絶対的に必要とするのです。たとえば、三十三身を現じて、衆生の悩みを解決しようとする観世音菩薩の智慧と慈悲、あるいは千手千眼をもってどんなタイプの衆生の苦悩をも救わんとする観音の智慧と慈悲は、最も優れた意味での「他心通」なくしては不可能です。いまこそ、私たち各人が、この優れた意味での他心通としての神通力をわがものとしなければならないのです。

しかしながら、いかに「他心通」という神通力をもってしても、私たちは他人の心の奥底を推し量ることはできません。『法華経』「法師功徳品」には「唯独自明了、余人所不見（唯独り自ら明了にして、余人の見ざる所ならん）[18]」という言葉があるように、究極的には、他人の心境など分かるわけがないという観点があります。しかしながら、もしそれだけならば、心不可得の積極的意義が出てきません。徹底的に一人に徹するあり方、宮本武蔵の「独行道」におけるが如き、禅者の絶対的自由の行為こそが、積極的意味における「唯独自明了、余人所不見」であり、心不可得であります。特に高く深い心境になると、とても余人が知りがたく近づきがたいところがあります。そのときには凡夫的な思慮分別では計り知れない働きが行われるのです。これこそが真の優れた意味での「心不可得」であり、「唯独自明了、余人所不見」なのです。こうした心不可得の積極的意義を理解するためには、禅における絶対否定としての「不覚不知」の問題を一考してみなければなりません。

六　心不可得と不覚不知

ちなみに、生命や行為は、言葉をもっていろいろ説明することはできても、生命それ自体、行為それ自体は説明でも言葉でもありません。これらを言葉で説明した瞬間に、すでにとっくに、生命は更なる生命へと発展し、行為は別の行為へと移行しているのです。生命と行為は足が速いのです。したがって、言葉（理）は、事実（事）に対して「遅すぎる」か、それとも「早すぎる」かしかありません。まさしく、仏陀における「四十九年一字不説」、禅における「不立文字」や「教外別伝」、あるいは菩提達磨の「廓然無聖」や「不識」、あるいは南嶽懐譲の「説似一物即不中」といった言葉も、ことごとく純粋生命ないし純粋行為としての「真如・実相・法性・仏性」の働きの闊達さや自由さ――言葉によるとらわれからの解脱――を表現（「道得」）したものに他ならないのです。

このあたりの消息について、道元は、「諸仏のつねにこのなかに住持たる、各各《かくかく》の方面に知覚をのこさず、群生のとこしなへにこのなかに使用する、各各の知覚に方面あらはれず」（眼蔵・弁道話、一11/12）とも語り、したがってまた、「諸仏のまさしく諸仏なるときは、自己は諸仏なりと覚知することをもちゐず、しかあれども、証仏なり、仏を証しもてゆく」（眼蔵・現成公案、一54）ものであり、「しらるゝきはのしるからざるは、このしることの仏法の究尽と同生し同参するゆゑに、しかあるなり。得所かならず自己の知見となりて、慮知にしられんずるとならふことなかれ」（眼蔵・現成公案、一59）とも語っているのです。

こうした「不覚・不知」論は、もともと仏教の特色でもあり、のちには禅の専売特許と化した観がありますが、「仏性」に限らず、すべてのことについて、認識や意識の対象として論じ考えているかぎり、「自己」の修行から遠ざかる危険性をつねに孕んでいます。仏教が徹底的に自己否定と自己超越を限りなく説得する宗教（仏向上）である所以です。すなわち、禅の究極においては、この「不覚・不知」こそが、最も真理に直接したあり方なのです。

以上のことを総括すると、まず第一に、「不覚・不知」というあり方は、人間が行為そのものに徹底し集中する仕方であり、事柄を対象として突き放して認識する姿勢ではなくて、むしろ事柄と一体化しているあり様です。いわゆる無念夢想とか無我無心とかいうことも、行為における集中力の問題なのです。したがって、第二に、「不覚・不知」とは、究極の認識が人間の力をもってしては結局は不可能であり、ただ否定的にのみ接近可能である、ということをも表しているのです。たとえば、それは、神学において、絶対者・無限者としての神の認識は、人間にとっては「否定の道（via negativa）」としての「否定神学」を通じてのみ可能である、ということと軌を一にしている事柄です。したがって、第三に、このような「否定の道」としての「不覚・不知」論こそ、人間の不遜を抑制し、なおかつ人間に無限の向上心を駆り立てる起点なのです。それゆえ、「不覚・不知」は、単に行為に集中するということだけではなくて、言葉にも集中し、あらんかぎりの説得力をもって言葉を語り尽くすことでもあります。ここに『正法眼蔵』の類いまれなすばらしい価値が存しているのです。

道元は、このあたりのことを、「話頭《わとう》はなきにあらず、祗是《しぜ》不識《ふしき》（ただこれ不識）なり、不識は條條の赤心なり、さらにまた明明の不見なり」（眼蔵・古鏡、二34）と述べています。これを分かりやすく現代語に訳してみると、次のようになるでしょう。すなわち、「言葉がないわけではない。生命そのもの、行為そのものは、言葉を使って表現しようとしても、表現したときにはこの生命・行為そのものはすでに変化発展した新たな生命・行為となっているから、言葉で捉えようとするなら、不識としか言えないのである。不識とは、むしろ生き生きした生命・行為そのものをそのつど言い表わそうとする心（赤心）の表れであり、むしろ誠の心そのものであり、それは明々白々の真理であるけれども、なお言葉と行為、説明と事実の不二一体性を知らない立場からは見えないのである。しかし、生命・行為そのものとしては目の当たりに明らかに露現しているのである」となるでしょう。これこそが、道元が言わんとしている「他心通」の本当の、生き生きした意味なのです。

注

（1）『道元禅師全集』第七巻、春秋社、一九九〇年、一七二頁参照。
（2）中村元・紀野一義訳注『般若心経・金剛般若経』、岩波文庫、一九六六年第八刷、一〇二頁参照。
（3）同右、一〇三頁参照。
（4）同右、九六頁参照。
（5）同右、一〇六頁参照。
（6）同右、一〇八頁参照。
（7）『正法眼蔵』には「心不可得」と名づけられた巻には、仁治二年（一二四一）夏安居（禅宗道場での夏期修行期間のこと）の日に興聖寺において「示衆」されたものと、「書写」されたものとの二種類があり、前者は短編であり、後者は長編である。本書では断りがないかぎりは、前者の「心不可得」である。後者は特に「後心不可得」または「別本心不可得」とも呼ばれて、徳山と老婆の問答の他に、「他心通」の巻で出てくる「大耳三蔵」と南陽慧忠との問答も論じられている。「後心不可得」については、以下を参照。衛藤即応校註『正法眼蔵』、岩波文庫、一九三九年、上巻第十九巻「心不可得」、二六九～二八二頁。大久保道舟編『古本校定・正法眼蔵・全』「別本心不可得」、筑摩書房、一九七一年、六三～七七頁。『道元禅師全集』第二巻、河村孝道校訂・註釈『正法眼蔵』第二巻、別輯四「心不可得（後心不可得）」、春秋社、一九九三年、四九八～五〇九頁。
（8）詳しくは、有福孝岳『カント「純粋理性批判」』哲学書概説シリーズⅣ、晃洋書房、二〇一二年、特に二三～四四頁参照。
（9）「世間虚仮・唯仏是真」とは、現象世界は仮のもので、ただ仏の世界のみが有為転変する現象世界の奥底にある真実の世界であるという意味である。聖徳太子が晩年に政治の世界を離れて仏教に沈潜し、世俗の世界の奥底にある形而上学的世界を認識しようとしたとも言えよう。ちなみに、プラトンもまた、生滅変転する現象世界と永遠不滅的なイデアの世界とを明確に識別し、後者にのみ永遠の真理と価値とを見出そうとした。洋の東西を問わず、こういった共通の認識があるということに、筆者は驚きかつ喜びを感ずる。

（10）『万法甚深最頂仏心法要』（上）、『岩波・仏教辞典』参照。また同『岩波・仏教辞典』によると、人間が「水」と見立てているものを、魚は「家宅・道路」、餓鬼は「膿で充満した河」、天人は「瑠璃でできた大地」とそれぞれ見ると言われている。これは、認識も判断もことごとく認識し判断する主体のパースペクティヴ（ニーチェ）の相違に基づくということにも通ずる考えである。

（11）カント『純粋理性批判』第二版、四九頁（B49）。

（12）拙論「カントとハイデッガー――空間と時間の問題に事寄せて」、『理想』第四九八号、理想社、一九七四年、五三頁参照。

（13）柴山全慶著・工藤智光編『無門関講話』、創元社、一九七七年第一版第一刷、三一九～三二六頁参照。

（14）朝比奈宗源『無門関提唱』、山喜房仏書林、一九八七年第一七版、二二六頁参照。

（15）沢木興道『証道歌を語る』、大法輪閣、一九四一年第二版、三九二／三九三頁参照。

（16）胡寅《こいん》（一〇九八～一一五六年）は、中国南宋初期の儒学者。字は明仲。致堂先生と称された。

（17）六神通には、神足通（以下の五つの神通には含まれない超能力の総称であり、特に飛行・変身の能力など）、天眼通（あらゆるものを見通す能力）、天耳通（あらゆる音を聴き取る能力）、他心通（他人の考えていることを知る能力）、宿命通（過去世の生存の状態を思い出す能力）、漏尽通（自己の煩悩が尽きたことを知る能力）が挙げられる。前掲の『岩波・仏教辞典』や『禅学大辞典』等参照。

（18）坂本・岩本訳注『法華経』「法師功徳品」下巻、一二〇頁参照。なお、引用の言葉の意味は、『法華経』を受持する者のみが菩薩の所見を見ることができて、受持しない者には菩薩の所見は見えない、分からないという意味である。同書、一五八頁参照。

第六章　菩提心と菩薩道——大乗仏教の根本精神

一　菩提心とは何か

さて、「菩提心」とはいかなるものでしょうか。そもそも「菩提」とはどのようなことでしょうか。「菩提」とは、「悟り」を意味するサンスクリット語 bodhi の音訳漢語です。漢語の意味としては、たとえば、「智」、「道」、「覚」などがあります。仏陀の混ざり気のない正しい悟りの智がそれです。それは、一切の煩悩から解放された、迷いのない状態であり、したがって、すべての煩悩の火が消えて、すがすがしい身心の状態を意味するという点では、涅槃の意味と重なっていますが、一般的には、仏道修行の四階梯としての、発心・修行・菩提・涅槃の区別に従えば、完成した菩提が涅槃と呼ばれるべきものと考えられます。菩提の語法には、たとえば、「正法を聞かず、菩提を遠ざかる」（『三宝絵』上）とか、「観音深く頼むべし、弘誓《ぐぜい》の海に船浮かべ、沈める衆生を引き乗せて、菩提の岸まで漕ぎ渡る」（『梁塵秘抄』「法文歌」一五八）といった用法があります。

これに対して、「菩提心（bodhi-citta）」は「道心」、「道意」、「道念」、「覚意」とも呼ばれ、ときには「無上道心」、「無上道意」とも呼ばれます。要するに、それは、悟り（菩提）を求める心、悟り（菩提）を得たいと願う心などを意味するものです。仏陀の最高完全な悟りとしての、「阿耨多羅三藐三菩提《あのくたらさんみゃくさんぼだい》（anuttarā samyakusaṃbodhiḥ）」（略して「阿耨菩提《あのくぼだい》」）すなわち、「無上正等覚・無上正真道・無上正遍知」をめざして、それを獲得しようとして努力する心、またはこうした心の働きが「菩提心」であり、結局「求道心」と同じことを意味します。しかも、大乗仏教独特の用語としての「菩提心」とは、利他を強調した「求道心」に他なりません。それゆえ、「菩提心」とは、まさしく、大乗仏教における菩薩がもつべき唯一最高の心に他ならないのです。したがって、「菩提心」は、一切の誓願を達成させる威神力《いじんりき》をもつと考えられました。ところで、威神とは、①威徳神通の略称であり、偉大で優れた力の働き、②神仏が持つほどの厳かさ、尊厳、威光などを意味する言葉です。したがって、威神力とは、もともと神仏が衆生に及ぼす摩訶不思議な霊力、厳かで畏怖を感ずるような偉大な力を意味する言葉です。菩提心はかくの如き力を持たなければ、本当の菩提心とは言えないのです。

ちなみに、聖徳太子は、「菩提心」を「直心」と訳しました、言い換えれば、純一で混じりけのない、山奥の水のように澄み切った、清らかで汚れのない、素直な心と理解したのです。[1] この意味では、六祖が、「直心是れ道場、直心是れ浄土」（『六祖壇経』四）と語ったように、菩提心なしには、修行の道場も極楽浄土も解脱も涅槃もないのです。[2] それゆえ、密教では、菩提心は、すべての美徳を成立させる根本の心と解されました。『栄花物語』「もとのしずく」には、「仏在世の時、菩提心を起こす者千万ありしかど」といった文例があります。

さらにまた、空の智慧としての「般若（prajñā）」と菩薩の悟りとしての「菩提（bodhi）」との違い、認識の働きおよび内容としての「識（vijñāna）」と「菩提」との違いなどについても考えねばならないのですが、ここではこれ以上は詳しく論ずることはできません。

二　慮知心と菩提心

二・一　慮知心と菩提心(3)

道元は、弟子懐弉に対して、仏道に入るためには、最初は、道心があってもなくても、とにかく無理矢理にでも、真似をしてまでも、仏道を好み学ばなければならないと述べています。たとえば、「宋土には俗人等の常の習ひに、父母に孝養の為に宗廟《そうびょう》にて各々聚会《しゅうえ》し泣きまねするほどに、終《つい》には実《まこと》に泣くなり、学道の人は、初めより道心なくとも、只しひて仏道を好み学せば終には実の道心も起こるべきなり。初心学道の人は、只衆に随ふて行道すべきなり」（『正法眼蔵随聞記』第六の七）。このように、道元は、初心の人の学習意欲を極めて重要視しています。たしかに、たとえ初めのうちは道心がない場合でも、とにかく仏道を他の修行者と並んで学び行じ続けるならば、知らず知らずのうちに――霧の中を行けば自ずと着物が濡れるように――、あたかも仏弟子らしく振る舞い続けることによって、仏の真理に近づき、法（ダルマ）によって照らされるようになるというものです。

さらにまた、道元は、『正法眼蔵随聞記』（第六の十六）において、仏祖ですら、始めは凡夫であり、発心と修行を積み重ねることによって初めて仏祖となったものである、と言いつつ、仏道修行における初心者の学習態度について、次のように語っています。「仏々祖々、皆本は凡夫なり。凡夫の時は必ずしも悪業もあり、悪心もあり、鈍もあり、痴もあり。然あれども、尽く改めて知識に随ひて修行せしゆゑに、皆仏祖と成りしなり。今の人も然あるべし。我が身愚鈍なればとて卑下することなかれ。今生《こんじょう》に発心せずんば何の時を待てか行道すべきや。今強ひて修せば必ずしも道を得べきなり」。「牛に引かれて善光寺」と言うように、最初はあまり道心がなくても、とにかく黙って修行を続けていると、知らぬ間に何がしかの者になるということは十分にありうると思います。どんなに偉い諸仏となられた人も、昔は凡夫であり、今は迷いの凡夫であっても、それなりの研鑽を積めば、やがては諸仏菩薩に近づくということです。だからこそ、道元は『正法眼蔵』「渓声山色」の巻において、「仏祖の往昔は吾等なり、吾等が到来は仏祖ならん」（眼蔵・渓声山色、二125）と述べています。[4] すなわち、仏祖となられた偉いお方も、その前は私たちと同じような人間凡夫であったのと同様に、私たちも修行さえすれば仏祖となれる可能性があるのです。ちなみに、昔の同級生が何十年後には大変偉くなっている場合がありますが、たとえ若いとき大した者ではなくても、年月を経るうちに、それぞれの道においていろいろの功夫と努力を積み重ねることによって、ついには立派な人間になるということがいくらでもあります。仏教的に言えば、悟りは修行の中にあるということです。

さて仏教では、こういう修行と悟りの深まりの階梯を特に発心・修行・菩提・涅槃の四段階に分けています。なかでも基本的に大事なことは、菩提心の発露としての発心と修行を繰り返すことです。こうした発心・修行を不断に持続することを可能にすることとして『学道用心集』の「道に向かって修行すべき事」の中で、道元は次のように述べています。すなわち、「仏道を修行する者は、先ず須らく仏道を信ずべし。仏道を信ずる者は、須らく自己本道中に在って、迷惑せず、妄想せず、顚倒せず、増減なく、誤謬無しと云ふことを信ずべし」と。私たちは、とかくとりこし苦労に陥ったり、不安の概念に襲われたりして、必要以上にじたばたしてしまいますが、そうではなくて、真理の大道という大船に乗っているんだという大確信をもって、しかも、それに甘えるのではなく、その標準に照らして、至らぬ己をますます磨かねばならないというのが、真面目な人間の根本姿勢でありましょう。ここでは、道元は「仏道を学ぶ」という観点からのみ書いていますが、このような根本確信は仏道修行のみならず、一切の道においても言いうることです。

しかし、このような固い信念に裏打ちされた、ひるむことなき永遠の向上心は、永遠の当為と瞬間の充足とが一つになったところで完遂されうるのです。それには、己を不断に鼓舞するものが必要です。しかしながら、人間は、どこまでいっても思量分別心、すなわち「慮知心」をもち、この心を働き巡らして日常生活を営んでいるのは疑うべからざる事実です。道元は、日常的な分別心としての「慮知心」と「菩提心」との違いと関わりについて、以下のように語っています。

「この慮知心にあらざれば、菩提心をおこすあたはず。この慮知心をすなはち〔そのままで〕菩提心とするにはあらず、この慮知心をもて菩提心をおこすなり」（眼蔵・発菩提心、四177）。どんなに優れた菩提心も、人間的慮知心から生まれてくるものではありますが、なまのままの、本能的な意味での慮知心だけでは菩提心とはなりません。慮知心が菩提心となるためには、その間に一種の止揚、すなわち自己否定による自己肯定が必要です。まさしく、「仏道をならふといふは自己をならふ也。自己をならふといふは、自己をわするゝなり」（眼蔵・現成公案、一54）ということです。

「いまの質多《ちった》・慮知《りょち》の心、ちかきにあらず、とほきにあらず、みづからにあらず、佗〔他〕にあらずといへども、この心をもて、自未得度先度佗の道理にめぐらすこと不退転なれば、発菩提心なり。しかあれば、いま一切衆生の我有と執せる草木瓦礫、金銀珍宝をもて、菩提心にほどこす、発菩提心ならざらめや。心および諸法、ともに自《じ》佗《た》共《ぐう》無因《むいん》にあらざるがゆゑに、もし一刹那この菩提心をおこすより、万法みな増上縁となる。」

（眼蔵・発菩提心、四181/182）

この一節を現代語訳すれば、以下のようになるでしょう。すなわち、

「いま言うところの質多心つまり慮知心は、身近にあるのでもなく、遠方にあるのでもなく〔空間的限定を超越していること〕、自己の内にあるのでもなく、他者の内にあるのでもなく〔自他の区別を超越していること〕、そういう

自由自在な慮知心を働かせて、自分が未だ悟りを得るよりもまず第一に他者を救うべきという自未得度先度他の精神を実現することに、不退転の態度で臨むならば、これこそが菩提心というものである。そういう次第であるならば、現今の人々が自分の所有物だと思って執着している自己を取り巻く諸物や宝物（草木瓦礫、金銀珍宝）をもって菩提心の実現のために自由に使えば、それが菩提心の発露として具体化するわけである。心の働き、諸々の存在はことごとく無原因ではなく、すべて因果・因縁のただ中にあるので、もし一刹那という短い時間でも菩提心を起こせば、そのことによって、あらゆるものがますます優れたもの、力強いものとなる機縁（増上縁）が熟するのである。」

すでに第四章において述べたように、道元の解釈では、質多心は、慮知心と同義です（眼蔵・発菩提心、四176/177）[5]。この質多盧知の心をもって自未得度先度他していくということは、当然のことながら、この赤い血潮の流れる肉塊をもって、すなわち「臭い皮袋」をもって、菩提心を起こすということに他ならないのです。だからこそ、臨済義玄は「赤肉団上に一無位の真人有り、常に汝ら諸人の面門より出入す」（『臨済録』上堂）と言うのです。つまり、切れば赤い血が吹き出る生身の体の持ち主の凡夫身の内に、同時に世間的な評価や位置づけにも左右されない菩提心の持ち主（無位の真人）が出入りしているのです。これは、まことに不可思議で有り難いことです。こうした事態を、道元はまた次のようにも語っています。

「この身心をもて発心すべし。水をふみ、石をふむを、きらふことなかれ。たゞ一茎草《いっきょうそう》を拈じて、丈六金身《こんじん》を造作し、一微塵《いちみじん》を拈じて、古仏塔廟《とうびょう》を建立する、これ発菩提心なるべし。見仏なり、見法なり、聞法なり、作仏なり、行仏なり。」（眼蔵・発菩提心、三333）

この箇所は仏教的素養がないとなかなか分かりにくい文章です。さしあたり、この文意を解説しておくと次のようになります。

「水をふみ」とは川を渡ることであり、本当の師匠を訪ねて行くには、途中の苦難を乗り越えていかねばならず、「石をふむ」とは、たとえば六祖が五祖のところで、石臼をついて精米作業の労苦を引き受けたこと、共に坐禅とか読経とかのいわゆる仏道修行に先行する労苦を厭うことなく行ったということを称賛しているのです。言い換えると、枠にとらわれない仏道修行の機会はどこにでもあるということであり、したがって、「一本の草を拈じて、丈六金身《こんじん》を造作し」とは、「仏陀が昔、大衆とともに遊行されていた際に、手で大地を指さしてここにお寺（梵刹）を建てるがよい、と言われると、帝釈天が一本の草を地上に挿《さ》し入れて、ここに梵刹を建て終わりました、と言った」という故事に基づく話です（『従容録』第四則参照）[6]。寺を造ればそこには本尊仏はつきものです。丈六金身とは一丈六尺の黄金でできた仏像ということです。微塵は、インド人の考えた最小の物質「極微」が七個集まってできたものですが、要するにそのような価値の少ない小さな物からでも、志さえしっかりしておれば、仏像やお寺ができるという発菩提心の重要性を語っているわけです。要するに、いつどこにいても、どんな物に対してでも、発心さえしっかりしていれば、その物を通じて、仏を見ることも、仏の真理としての法を聞き取ることも、仏となることも、仏道を行ずることもかなえられるというのが「見仏なり、見法なり、聞法なり、作仏なり、行仏なり」の意味です。この最後の文章では、私たちの一挙手一投足が仏作仏行であると言われるのです。これを、道元は、すでに述べたように、「行仏威儀」と呼んでいます。

二・二　念慮と語句

普通には、禅仏教においては、不立文字・教外別伝・直指人心・見性成仏の旗印のもとに、言葉や思惟は不要なもの、ないしは、少なくとも真理そのものを表現できないものとされています。しかるに、道元においては「念慮」の重要性が語られています。なかんずく、近世における西洋哲学の伝統においては、「人間は考える葦である」と宣言したパスカルや「われ思う、ゆえにわれ有り」を「哲学の第一原理」としたデカルトを振り返れば明らかなように、思惟の働きが極めて重要視されています。ちなみに、「考える」という働きを、パスカルは、人間の偉大さ・尊厳さとして強調していますが（『パンセ（瞑想録）』[7]）、仏教では、「無我無心」を強調しているがために、さしあたり「考える」という働きが軽視されているようにみえますが、本当はそうではありません。釈尊の最初に説法された真理に「四諦」と「八正道」があり、この「八正道」、八つの正しい態度の一つに「正思」という項目があります。道元は、『正法眼蔵』「山水経」の巻で、自分が大宋国で目の当たり体験してきたこととして、諸仏諸祖の言葉や禅問答は、「無理会話《むりえわ》（理解不可能な言葉）」だと決めつける「杜撰《ずさん》」のやからのみが横行していると悲憤慷慨して、次のように語っています。

「その意旨〔杜撰の輩の言い分〕は、もろ〳〵の念慮にかゝはれる語話は、仏祖の禅話にあらず、無理会話《むりえわ》これ仏祖の語話なり。かるがゆゑに、黄檗の行棒《ぎょうぼう》および臨済の挙喝《こかつ》、これら理会およびがたく、念慮にかゝはれず。これを朕兆《ちんちょう》未萌《みぼう》以前《いぜん》の大悟とするなり。先徳の方便、おほく葛藤断句《かっとうだんく》をもちゐるといふは、無理会なり。
かくのごとくいふやから、かつていまだ正師をみず、参学眼なし。いふにたらざる小獃子《しょうがいす》〔ちっぽけな愚か者〕なり。宋土ちかく二三百年よりこのかた、かくのごとくの魔子《まし》・六群禿子《ろくぐんとくし》〔仏道修行の邪魔をする者、釈尊在世中に徒党を組んで悪行の限りを尽くした六人の比丘のような無道心者、頭だけ剃髪していてもただの禿頭のような無信心者〕おほし。あはれむべし、仏祖の大道の廃するなり。これらが所解《しょげ》、なほ小乗声聞におよばず、外道よりもおろかなり。俗にあらず僧にあらず、人《にん》にあらず天にあらず、学仏道の畜生よりもおろかなり。禿子がいふ無理会話、なんぢのみ無理会なり。仏祖はしかあらず。なんぢに理会せられざればとて、仏祖の理会路《りえろ》を参学せざるべからず。たとひ畢竟じて無理会なるべくば、なんぢがいまいふ理会もあたるべからず。しかのごときのたぐひ、宋朝の諸方におほし。まのあたり見聞せしところなり。あはれむべし、かれら念慮の語句なることをしらず、語句の念慮を透脱することをしらず。」（眼蔵・山水経、二189〜191）

この最後の一句「あはれむべし、かれら念慮の語句なることをしらず、語句の念慮を透脱することをしらず」という言葉に、道元の真面目《しんめんもく》（面目は漢音では「めんぼく」、呉音では「めんもく」）が言い表されています。一般的に言えば、言葉（語句）なしには思い（念慮）は語りえません。しかしながら、この場合、言葉は、仏祖のことを語ろうとしているのですから、単なる人間の慮知念覚・知見解会を超えようとしている、否、超えねばならないのです。さもなければ、その言葉は仏祖の語句にはなりません。ところでまた、いったん言葉が語られると、語った者の思い（念慮）とは関係なく、独立独歩の歩みを始めます。この意味でも、語句は念慮を透脱しているのです。しかし、ここでは、念慮も語句も仏祖のそれとして把握されねばなりません。凡見にとっては無理会話であっても、仏知見にとっては、「如是実相」であり、「眼横鼻直」であり、当たり前のことでなければなりません。

さて、ここで、道元は何を語ろうとしているのでしょうか。仏教一般においても、もちろん道元の言説の中においても、忘我・無我・無心・非思量などが第一に力説強調されています。それにもかかわらず、道元は、ここで何ゆえに、「念慮」という分別心を尊重しているのでしょうか。それは他でもない、この世界の中で現実的に生きている人間は、皆ことごとく何がしかの社会集団の中で、何がしかの役割を演じつつ生きているのであり、そのとき自己と他者との共通な行為規範なしには生きられないでしょう。その場合、何がしかの社会的規制を遵守することによって初めて私たちは生きることができるのです。早い話が、言葉一つ取り上げても、一定の自他共通の規則に従って使われなければなりません。もちろん、人間生活は言葉だけでは不可能であり、言葉を補うためにも、また身体的生命を支えるためにも、いろいろな行動・行為を遂行しなければなりません。そのとき、必ず規範・規則といったものを遵守しなければならないのです。

たとえば、道元のような出家者でも、否、出家者だからこそ、興聖寺僧団と永平寺僧団の指導者として、自分と同じ共同生活を営んでいる弟子を導き、育成していくためには、様々な規範・規則（行持軌範）が必要とされます。それゆえにこそ、道元は、『正法眼蔵』の如き哲学的著作、『永平広録』の如き詩的作品のかたわら、「典座教《てんざきょう》訓《くん》」、「弁道法《べんどうほう》」、「赴粥飯法《ふしゅくはんぽう》」、「衆寮箴規《しゅりょうしんぎ》」、「対大己五夏闍梨法《たいたいこごげじゃりほう》（五年間も僧堂で修行した大先輩に対する作法）」、「日本国越前永平寺」などを含んだ『永平大清規』の撰述に心血を注いだわけです。右の引用文は、祖道の荒廃を憂え憤りつつ、正伝の仏法房の聖人「永平道元」が、威儀即仏法、作法是宗旨、すなわち仏道修行というものは綿密に行われなければならないことを身上とすることの表れです。

さらに、この方面の著作を挙げれば、『正法眼蔵』の中では、僧堂における心構えを説く「洗面」、米を「およね」と呼ばねばならないという「示庫院文《じくいんもん》」の巻などがあり、『正法眼蔵随聞記』や『学道用心集』は、仏道を志す者の基本的用心、すなわち仏道修行者の念慮と慮知心の使い方を懇切丁寧に説示したものに他ならないのです。けだし、私たち凡夫としての衆生にとって、肝要なることは、日常的自己のあり方としての念慮と慮知心を、その本能的・自然的あり方としての念慮と慮知心に終わらせるのではなく、あくまで仏道修行者としての念慮と慮知心、すなわち念慮を透脱した語句へと、また慮知心を昇華させた菩提心へと転換しなければならない、という点です。

三　発菩提心

三・一　自未得度先度他

しかもその際、菩提心に関しては、この菩提心をもつということは、あくまで「発菩提心」すなわち「菩提心を発する」ことに意味があるのです。それでは、発菩提心とは一体いかなる内容をもつのでしょうか。道元によれば、「菩提心をおこすといふは、おのれいまだわたらざるさきに、一切衆生をわたさんと発願しいとなむなり。そのかたちいやしといふとも、この心をおこせば、すでに一切衆生の導師なり」（眼蔵・発菩提心、四177）。ここでは、道元は、菩提心を、自分よりもまず先に他人のことを考えて、他人のために尽くすことである（自未得度先度他）と定義しています。これも、個人主義横行の現代人にとっては至難の業ではありますが、しかしこの心が働かない人間社会のことを考えると、人類は滅亡するしかないでしょう。けれども、必ずしも人間社会の全員がエゴイストばかりではないということは、二〇一一（平成二三）年三月一一日に起きた東日本大震災以後における多くのボランティア活動において実証されています。社会福祉とか医療施設とか、いろいろな場面のボランティア活動は、仏教的に表現すれば、発菩提心すなわち「自分よりも先に他者を救う（自未得度先度他）」という気持ちから発露する行動でなければ、そもそも不可能なことだと思います。

その実行が難しくなった現代なればこそ、またハイテク技術・産業、あるいは巨大な科学・原子力エネルギーの開発等によって、いついかなる時にも、いかなる所においても、破滅のボタンを押さないとも限らない状況のもとにおかれている現代人なればこそ、「自未得度先度他」としての「衆生無辺誓願度」という願いは、大宇宙の一つたる地球の住民としての人類にとって、決して忘れてはならない大前提であることを肝に銘じておかなければなりません。そういう意味で、現代の科学技術をもたらした「慮知心」を、仏教的慮知心、すなわち菩提心・（求）道心へと浄化・昇華・高揚させて初めて、私たちは仏教的自己として生きることができるのであり、そのとき初めて、私たちの心は、本来の生まれつき持っているはずの「自性清浄心」として働き、その心そのものとなっているのです。

普通には、菩提心とは、自分が悟りを得るべく努力することと思われがちですが、道元によれば、まず自分の悟りよりも、他者を悟らせることこそが発菩提心であるとされます。「衆生を利益すといふは、衆生をして自未得度先度他の心をおこさしむるなり。自未得度先度他の心をおこせるちからによりて、われほとけにならんとおもふべからず。たとひほとけになるべき功徳熟して、円満すべしといふとも、なほめぐらして衆生の成仏得道に回向するなり」（眼蔵・発菩提心、四181）。こうした道元の言葉によると、衆生のために利益を施すということは、衆生自身の内に自分が悟るよりも先に他者を救うという心を起こさせることである、と言われています。人々がすべて、このような心を起こせば、世の中は丸く治まること請け合いです。けれども、この自分が悟る前に他者を救うという心を起こさせるという力によって、その力を自分のためにのみ使って、自分自身が仏になりたいと思ってはならないのです。たとえ仏となるべき功徳が熟して、まもなく成就するといっても、なおも衆生が成仏得道するように思いを巡らさなければならないのです。むしろ、大乗仏教における菩薩、他人が救われることのみをひたすら願い、自分の悟りは後回しにすることを、自らの楽しみとしなければならないのです。すなわち、

「みづからはつひにほとけにならず、たゞし衆生をわたし、衆生を利益するもあり。菩薩の意楽《いぎょう》にしたがふ。おほよそ菩提心は、いかゞして一切衆生をして菩提心をおこさしめ、仏道に引導せましと、ひまなく三業《さんごう》〔身口意の三つの働き〕にいとなむなり。いたづらに世間の欲楽《よくらく》をあたふるを、利益衆生とするにはあらず。この発

心、この修証、はるかに迷悟の辺表《へんぴょう》を超越せり、三界〔欲界・色界・無色界〕に勝出し、一切に抜群せり、なほ声聞《しょうもん》辟支仏《びゃくしぶつ》、〔人間天人よりも上位の、仏菩薩よりも下位の悟りを得ている者〕のおよぶところにあらず。」（眼蔵・発菩提心、四 178/179）

自分の悟りを求めて仏となるよりも先に、まず一切衆生を救うことができれば、それこそすでに諸仏菩薩と同格の悟りを得ていることに他ならないのです。菩薩道と言われるものは、まさに利他行に徹底する道です。これが菩薩の意楽と呼ばれるものです。意楽の意とは意志でありこころざしであり、楽とは好み願うことであり、したがって意楽とは心の底から意欲し冀《こいねが》うところの強い思念を意味する言葉です。しかも、菩提心は自分が菩提心を起こすだけではなくて、他者にも菩提心を起こさせ、仏道に引き入れ導くことを願って、身体的行為と言語的発言と意識的思想（身口意の三業）を用いて鋭意努力すべきことが語られています。したがって、いたずらに、世間一般の凡夫的欲望を充足させることが衆生済度だと思ってはならないのです。このような発心のあり方、修行と悟りのあり方は、迷いと悟りという二元論的な区別の境涯をはるかに飛び越えており、さらにまた欲界・色界・無色界（生物界・物質界・精神界）といった三界の区別の観点をもはるかに超出するだけではなくて、あらゆるものを飛び越えて抜群の働きをなすものなのです。したがって、菩薩道の発露としての発菩提心の働きは、小乗的悟りを得ているにすぎない声聞や縁覚（辟支仏）の及ぶところではないのです。

「「発心」とは、はじめて「自未得度先度他」の心をおこすなり。これを初発菩提心といふ。この心をおこすよりのち、さらにそこばくの諸仏にあふたてまつり、供養したてまつるに、見仏聞法し、さらに菩提心をおこす、霜上加霜《そうじょうかそう》なり。

いはゆる「畢竟」とは、仏果菩提《ぶっかぼだい》なり。阿耨多羅三藐三菩提《あのくたらさんみゃくさんぼだい》と初発菩提心と格量せば、劫火《ごうか》・蛍火《けいか》のごと

くなるべしといへども、自未得度先度他のこころをおこせば、二無別《にむべつ》なり。」（眼蔵・発菩提心、四180）

このように、発心とは、何はともあれ、自分よりも先に他者を救いたいという心を発することです。これを初めて菩提心を発《おこ》すと言うのです。この心をおこせば、仏道修行の道に入っているのですから、折に触れ諸仏如来に出会い供養させていただくチャンスにも巡り会うのです。そしてこうした出会いと供養とによって、諸仏如来を拝見し、仏教の真理、仏法を聞くチャンスが増えて、まるで霜の上に霜を重ねるように、さらに次元の高い菩提心をおこすことが可能となるのです。最高最終の発菩提心は諸仏に同じ仏果菩提（修行という原因によって到達した諸仏の境涯・悟りという結果）であり、これを特に、仏教では「阿耨多羅三藐三菩提《あのくたらさんみゃくさんぼだい》（無上正等覚・無上正遍知）」と呼んでいます。ところで、仏陀の無上正遍知と私たち人間の菩提心とは、太陽と月、あるいは世界を焼き尽くすほどの巨大な火（劫火）と、蛍の火ほどの違いがあるけれども、自未得度先度他のこころをおこせば、両者に何の区別もない（二無別）、と道元はここで述べているのです。菩提心を発《おこ》すことの重要なる機縁がここにあるのです。

三・二　発心の機縁

仏教的自己としての尽大地的自己の考え方や三界唯一心の思想からしても明らかなように、発心の機縁は、いつでも、どこでも、いかなるもののもとにおいても可能です。「仏法の大道は、一塵のなかに大千の経巻あり、一塵のなかに無量の諸仏まします。一草一木ともに身心なり」（眼蔵・発菩提心、三330）「しかあれば、発心・修行・菩提・涅槃は、同時の発心・修行・菩提・涅槃なるべし。仏道の身心は、草木瓦礫なり、風雨水火なり。これをめぐらして仏道ならしむる、すなはち発心なり。虚空を撮得《さっとく》して、造塔造仏すべし。渓水を掬啗《きくたん》して〔谷川の水を手に掬って〕、造仏造塔すべし。これ発阿耨多羅三藐三菩提なり」（眼蔵・発菩提心、三331/332）。このように、私たちは誰でもその気になれば、その時その所において「発心」が成立するのです。まさに、「作是思惟時、十方仏皆現〔是の思惟を作す時、十方の仏皆現ず〕」（『法華経』「方便品」上124）なのです。

「この心われにあらず、佗にあらず、きたるにあらずといへども、この発心よりのち、大地を挙すればみな黄金となり、大海をかけばたちまちに甘露となる。これよりのち、土石砂礫《どしゃくしゃりゃく》をとる、すなはち菩提心を拈来するなり。水沫泡焔《すいまつほうえん》を参ずる、したしく菩提心を担来するなり」（眼蔵・発菩提心、四181）。己一個の利益を超越した「菩提心」のもとにおいては、すべての存在は仏国土の一員となり、したがって、発菩提心のところ仏縁以外の何ものもないのですから、ここでは塵芥がたちどころに黄金となり、濁水といえども甘露となり、そのようにして、この娑婆世界がそのままで極楽浄土となるのです。したがって、私たち各自がささやかながらでも菩提心をおこして、「一隅を照らす」人々が増えれば増えるほど、この世は少しずつでもよりよき世界〔極楽浄土〕になると思われます。

三・三　一発心の百千万発

以上述べたように、発心は、時と所を選ばずに、いつでもどこでも行われうるものですし、行われるべきものなのです。そうでなければ「発心」しているとは言えないのです。道を求める心にとっては、あらゆる因縁が自己の向上の契機とならねば、たちどころに「求道心」が消えたも同然となるのです。「仏向上」の道というものは、つねに「始まり」こそあれ、決して「終わり」はないのです、すなわち「無端〔端がない〕」つまり「無辺際」ということです。「無端」という漢字には、①「端がない、糸口がない」と②「果てしがない」という意味がありますが、以下では後者の意味で使われています。

「しるべし、諸仏化道、および説法蘊、ともに無端に建化《こんげ》〔衆生の教化済度の法門を建立すること〕し、ともに無端に住位せり。去来《こらい》の端《たん》をもとむることなかれ。尽従這裏去《じんじゅうしゃりこ》〔ことごとくここより去り〕なり、尽従這裏来《じんじゅうしゃりらい》〔ことごとくここより来る」なり」（眼蔵・夢中説夢、二148）。発心の発心たる所以は、いつも限りなく（無端）しかもいまここで（這裏）「発心」するところにあるのです。つまり「一発菩提心を百千万発するなり。修証もまたかくのごとし。しかあるに発心は一発にして、さらに発心せず、修行は無量なり、証果は一証なりとのみきくは、仏法をきくにあらず、仏法をしるにあらず、仏法にあふにあらず」（眼蔵・発菩提心、三332）ということになるのです。

　こうした、「発心」の百千万発ということは、正念相続ということであり、不断に工夫をめぐらして倦怠せずということです。そのためには不撓不屈の向上心を要することは言うまでもありません。しかも、「発心」を百千万発するとしても、一回一回の発心が積み重なってそのような数になるだけですから、大切なことは、この一回一回の発心なのです。私たち凡夫にとっては、百千万回も発心しろと言われると、気が遠くなるかもしれませんが、一回ぐらいの発心なら、気休めにその気になるかもしれないでしょう。しかし、塵も積もれば山となるように、一度でも発心すると、これが以心伝心して他人にも及び、他人を経由してまた自分にも及んでくるのです。このように、まずは一回発心してみることからすべては始まりますし、この始まりが自他共に巻き込んで発心の大きな渦巻きとなっていくこともあるのです。それゆえ、一回だけでも試みに発心することが重要な契機となるのです。まことに「千億発の発心は、さだめて一発心の発なり、千億人の発心は、一発心の発なり。一発心は千億の発心なり、修証転法もまたかくのごとし」（眼蔵・発菩提心、三332）ということです。

　ちなみに、『法華経』「寿量品」の最後の四句は、「毎自作是念、以何令衆生、得入無上道、速成就仏身（毎《つね》に自ら是の念を作《な》さく、何を以てか衆生をして、無上道に入り、速やかに仏身を成就することを得せしめん）(8)」となっていますが、これに対して、道元は「これすなはち如来の寿量なり。ほとけは発心・修行・証果、みなかくのごとし」（眼蔵・発菩提心、四180）と注釈しています。こうした「寿量品」最後の四句「毎自作是念、以何令衆生、得入無上道、速成就仏身」は、仏が衆生をしてどうすれば発心・修行・菩提・涅槃の道に導くことができるかをいつも考えているということであり、それほどつねに仏が衆生の成仏得道を考え願い続けることが、仏自身の発心・修行・菩提・涅槃としての仏自身の無限の生命活動（如来の寿量）に他ならないと道元は述べているのです。

ところで、「一子出家すれば、九族天に生ず[9]」という言葉があるように、一人が「発心」すると、その影響たるや、感応道交によって、単に人に伝わるだけではなくて、山川草木大地有情にも伝わるのです。そのさまは、水中に小石を投ずれば波紋が無限に広がっていくようなものです。また逆の見方をすれば、一人の人の発心がそもそも、そういった天地万物の助けなしには成り立たなかったのです。こうした事態を、道元は次のように語っています。

「これによりて、一塵たちまちに発すれば一心したがひて発するなり、一心はじめて発すれば一空わづかに発するなり。おほよそ有覚無覚の発心するとき、はじめて一仏性を種得《しゅとく》するなり。四大五蘊をめぐらして、誠心《じょうしん》に修行すれば得道すべし。四大五蘊と草木牆壁と、同参なるがゆゑなり、同性《どうしょう》なるがゆゑなり。同心同命《みょう》なるがゆゑなり、同身同機なるがゆゑなり。

　これによりて仏祖の会下、おほく拈草木心の弁道なり、これ発菩提心の様子なり。」（眼蔵・発菩提心、三334/335）

以上の原文を逐語訳的に解説しておきましょう。このように、一つのほんの小さなものでも動けば、それに応じて一つの菩提心が起こり、一つの菩提心が起これば、それに応じて一つの空の真理も現れるのです。自覚していようと、無自覚であろうと、とにかく発心すれば、人はそのとき初めて一つの仏性の種を取得するのです。大自然と身心を構成する諸要素（四大五蘊）と一体となって、要するに全身全霊をもって、真心から修行すれば、仏道を成就することができるのです。なぜなら仏道は、自己と大地自然（四大五蘊・草木瓦礫）とが共に参学し、同じ仏性をもっているからです。両者は、不二一体であるので、同じ心と同じ命であり、同じ体と同じ働きをもって感応道交するのです。そもそもお釈迦様が悟りを開かれたときの最初の言葉が「我と大地有情と同時成道、山川草木悉皆成仏」と宣告されたように、仏陀の法が摩訶迦葉に伝わったのも、あるいは、釈尊が一枝の金波羅華を拈じられたとき、摩訶迦葉が破顔微笑したことによって仏法の真理が伝えられたように、仏教における発菩提心は草木心や大自然のあり方と不二一体的であるのです。

四　菩提心と観無常(10)

ところで、『学道用心集』という書物は、道元が中国から帰朝し、建仁寺や深草の安養院での仮住まいを経て、いよいよ本格的に、日本曹洞宗の開祖として、深草の観音導利院（興聖寺）において、世間に対して大々的に禅の指導者として出発するに際して書かれたものです。本文中に、二カ所に説示の時とみられる「天福二甲午三月九日書」と「天福甲午清明日」という明確な記録があるので、本書の撰述は一二四三年前後と見られます(11)。この『学道用心集』は十箇条にわたって、禅僧が留意するべき事項を述べていますが、その第一箇条は、「菩提心を発《おこ》すべき事〔可ㇾ発㆓菩提心㆒事〕」となっています(12)。

これによると、「右、菩提心は、多名一心なり。竜樹祖師の曰く、唯、世間の生滅無常を観ずる心もまた菩提心と名づく、と。然れば、すなはち、しばらく此の心に依って、菩提心となすべきものか。誠にそれ無常を観ずる時、吾我の心生ぜず、名利の念起こらず、時光の太だ速やかなることを恐怖《くふ》す、所以《ゆえ》に行道は頭燃《ずねん》を救ふ」とあります。

心についていろいろ名が挙げられますが、仏教的考え方に従えば、特にこれを「菩提心」ということで代表させてもよいほどなのです。なぜなら、「菩提心」を持たないものは仏教者ではない、といっても過言ではないからです。なお、『正法眼蔵』中には「三十七品菩提分法」という巻があり、菩提心を分けると三十七種類になると言われます。しかし、何種類あっても、ただ一つの菩提心の別名であり、さらに右のような安心解脱の境地に到らんとするならば、万事万象の無常を悟らねばならないというのが、仏教の根本前提であり出発点です。これによると、本当に無常を観ずれば、一切の事物の無自性皆空を悟り、執着心や名誉欲も消えていくはずです。だからこそ、観無常ということは、発菩提心を典型的に表しているということになります。そして時がそのように迅速に過ぎ去っていくこと――生死事大、無常迅速――を観ずることができれば、おのずから仏教者は修行に専念するはずです。つまり、頭の髪が燃えているときには、これを急いで払いのけるように、無常の火がわが身のみならず、自らの関わっている一切の事物をそのように迅速に燃やし、灰塵に帰せしめることを知れば、修行者は修行に邁進没頭することでありましょう。まことに、「学道の人は後日をまちて行道せんと思ふことなかれ。ただ今日今時をすごさずして日日時時を勤むべきなり」（『正法眼蔵随聞記』第六の八）でなければなりません。

たしかに、私たちは、もう時間がないと思えば、大事なことだけをやり遂げておこうと思うでしょう。怠けていたり、遊んでいたりするのは、どこかまだ時間があると思い、切羽詰まっていないからです。本当に時間がないということが分かれば、私たちは自らの人生に誠実になり、一切の問題に真面目に対決していくしかなくなるでしょう。

ところで、道元は、『正法眼蔵』「発菩提心」の巻では、寿命の動き（寿行の生滅）、生滅刹那、流転捷疾《しょうしつ》（捷疾＝すばやいこと）ということを語るべく、世尊の言葉を引用して、次のように興味深い話を展開しています。

「世尊の在世に、一比丘有り、仏の所《みもと》に来《き》詣《た》りて、双足《そうそく》を頂礼《ちょうらい》し、却《かえ》って一面に住して、世尊に白《もう》して言《いわ》く、衆生の寿行《じゅぎょう》、云何《いかん》が速疾《すみやか》に生滅《しょうめつ》する。

仏言《のたま》わく、我能く宣説《せんぜつ》すれども、汝知ること能はじ。

比丘《びく》言く、頗《すこぶ》る譬喩の能く顕示しつべきやいなや。

仏言く、有り、今汝が為に説かん。譬へば四たりの善射夫の、おのおの弓箭《きゅうせん》を執《と》り、相背《あいそむ》き攢《あつま》り立ち、四方を射んと欲せんに、一の捷夫《しょうふ》有りて、来たって之に語《つ》げて、汝等、今、一時に箭《や》を放つべし、我能く遍ねく接《と》りて、倶《とも》に堕《おと》さざらしめんと曰《い》わんが如し。意において云何、此れ捷疾なりやいなや。

比丘仏に白す、甚《はや》だ疾し、世尊。

仏言く、彼の人の捷疾なること、地行夜叉《ぢぎょうやしゃ》に及ばず。地行夜叉の捷疾なること、空行夜叉に及ばず。空行夜叉の捷疾なること、四天王天の捷疾なるに及ばず。彼の天の捷疾なること、日月二輪の捷疾なるに及ばず。日月二輪の捷疾なること、堅行天子《けんぎょうてんし》の捷疾なるに及ばず。此れは是れ日月輪の車を導引する者にして、此等の諸天、展転《てんでん》して捷疾なり。寿行の生滅は、彼よりも捷疾なり。刹那に流転《るてん》し、暫くも停《とどま》ること有ること無し。」

（眼蔵・発菩提心、四 184–187）


右に述べられたところに従えば、弓箭よりも速く走れる者（捷夫）といえども地上を走る悪鬼（地行夜叉）よりも速くは走れず、地行夜叉といえども空中を飛行する悪鬼（空行夜叉）よりも速くは走れず、空行夜叉といえども四王天の東西南北に位置する持国天・広目天・増長天・多聞天の韋駄天ぶりにはかなわず、にもかかわらず、これら四天王の韋駄天ぶりといえどもなお日月二輪の迅速さにはかなわず、さらには、この日月二輪の迅速さよりも一層迅速なものが堅行天子であるが、寿命の移り行き（寿行の生滅）はそれ以上に限りなく迅速である、と述べられています。私たちの年齢と言われるものは、そもそもこの日月二輪の運行を通じて定まるのですが、この年齢の規定がどのようなものであれ、私たちの生老病死の寿命の移行（寿行の生滅）そのものは、日月二輪の運行に関わりなく生じてくるものです。

このように、仏陀の説くところによると、どんなに速いものよりも、つまり日月二輪の車を導引する堅行天子よりも、寿命の生滅の動きの方が速い、つまりは、無常迅速・生死事大よりも速やかなものはこの世の中にない、ということが語られているのです。このことは、結局、人間各自にとって、生死の問題こそは最大の関心事であることを物語っています。なぜなら、物がなくなれば同じ役割をするものを取り寄せればよいし、他人が死んでも自分の命が落ちるほど怖いわけではありません。何はともあれ、この世界から己が消えていかなければならないとすれば、これほど寂しいことはないでしょう。「死ぬことは人のことかと思いしに　俺が死ぬとはこれはたまらん」と勝手に思っていても、誰でも皆が皆、死の時を必ず迎えるのです。したがって、生死の問題とはつねに自己自身の問題なのです。しかも、各自銘々の最大関心事としての寿命の生滅だからこそ、それは自己にとって無常迅速以外の何ものでもありません。

ところで、ハイデッガー（1889–1976）は、人間の現存在（生）を、「死への存在（Sein zum Tode）」、すなわち、死に対する存在、死に関わりゆく存在と定義し、そのようにして、死を、「現存在」としての人間存在の、「最も自分らしい、没交渉的な〔他者とは関わりなき〕、確実にやって来る、しかも無規定の、追越しえない〔つねに私たちの目前に立ちはだかる〕可能性」に他ならないものと解釈しました。(13)死が私たちにとって意味があるのは、生きて〔存在して〕いるからであり、生においては死を追い越すことはできず、自己の死はいかなる他者によっても代理不可能であり、したがって、自己の肉体の死は、ただ一人で迎え入れなければなりません。この意味において、誰にとってかわることもできない自己の死というあり方のみが、つまり生死の問題こそが、最も優れた仕方において自己の真実を垣間見させてくれるのです。自己の死から免れようとどんなにもがいても、いつかは自分も死ななければなりません。命というものは自己にとってかけがえのない大事なもの（生死事大）であるのですが、無常は音もなく匂いもなく、静かにひたひたとやってくるものであり、死は避けようとしても避けられない必然の事態です。遅かれ早かれ覚悟を決めるしかありません。

五　菩提心と菩薩道

さて、「菩提（bodhi）」とは「迷いを断ち切って得られた悟りの知慧」であり、したがって、菩提心とは、「菩提を求め願う心」つまり、「求道心」または「道心」と言われるものに他なりません。それでは、菩薩とは何を意味するのでしょうか。サンスクリット語 bodhisattva に相当する音写語で、もともと二つの言葉、bodhi と sattva とが結合してできあがったものです。「菩薩大士」という語法もあるように、菩薩は「大士（徳の優れた人）」（『管子』）とも訳されました。bodhi は、悟りを意味することから、「覚」と意訳され、sattva は、生けるものを意味することから、「衆生」ないしは「有情」と意訳されました。これら二つの語と意味とを結合するとき、菩薩 bodhisattva の意味は、「悟りを求める人々」ないしは「悟りを備えている人々」の二種に分類され、特に大乗仏教においては後者の意味が強調されました。

このようにして、菩薩とは、己一個の悟りを求めて修行するのではなくて、悟りの真理を携えて、現実の迷える衆生の中に降り立って、場合によっては自分の悟りは二の次にしてまでも、世のため人のために慈悲利他行の実践に粉骨砕身する者のことを言うのです。ひいては、そうした無我の愛としての大慈悲行――それは悟りの発露であり結実でもある――によって、迷える衆生の心を和やかにし、世の汚辱にすがすがしい光りを当てる、暗く迷える心を明るみにもたらし、浄化することによって、現実の社会を浄土（浄仏国土）と化する努力を倦むことなく続ける者が、まさしく大乗の菩薩に他ならないのです。そういう意味で、大乗の菩薩はたえず、この現実社会の浄化を願うものとして、現実遊離の抽象論に陥ることは許されないのです。

大乗仏教の信奉者は、このようにして、現実の苦悩と救済を忘れて、己一個の悟りだけを求める輩を、「声聞」「縁覚」と呼んで、かれら「二乗者」を「小乗」と批判し、「菩薩一乗」説を唱えるようになったのです。したがって、このような考え方からは、たとえば、『法華経』などの大乗経典においては、しばしば、小乗の出家者（僧）などが否定され、それよりも優れた仏道者として「菩薩」が称揚されることになるのです。菩薩は、悟り（仏）の世界から人間界に降りてきて、人々と共感・共歓・同苦・共生しながら、衆生救済に努める者を意味し、しかもその際、多様なあり方をしている一切衆生の種々様々の苦悩を和らげるため、種々様々の菩薩が立てられ、信奉されるに至ったのです。民間信仰において、人口に膾炙した菩薩として観世音菩薩や地蔵菩薩がありますが、特に前者はその種類の多さもさることながら、その働きと能力の多種多様さ、無限さ、無辺さ、豊かさ、変幻自在さなどをもつことを示すべく、「千手・千眼」あるいは、「十一面」を持っている観世音菩薩が存在するほどです。

現実中心、人間肯定を特色とする日本――だから、すべての宗教が極めて世俗化している、あるいは神道化ないしは真宗化している日本――では、仏教伝来の初期には、人間と同じように迷いの衆生と考えられた神が、国神または民族神として高い地位を得るにつれて、菩薩へと挙げられ崇められていったのです。たとえば、八幡大菩薩がまさしくその典型的な実例です。それゆえにこそ、たとえば、現実の歴史上の人物、行基菩薩などの高い徳を備えた修行者の呼称にも使われたのです。ときには、澄み切った心の持ち主としての女性を呼ぶのに用いられたり、あまつさえ、遊女の別称にさえなったのです。たとえば、「菩薩は世々に精進波羅蜜を行ふ」（『三宝絵』上）という用法があります。菩薩の六つの徳行としての「六波羅蜜」には、布施・持戒・忍辱・精進・禅定・智慧があります。

要するに、私たちが仏教者として生きることとは、私たち各人が「菩薩」として生きる覚悟ができているかどうかということに等しいのです。菩薩として生きる覚悟ができていない者は、それが出家者であろうと、在家者であろうと、ナンセンスであり、すでにそのことによって、仏教者の域に到っていないことになるのです。仏教で言う「発心・修行・菩提・涅槃」の四つの修行ないしは悟りの行程も、絶えざる「発心（発菩提心）」の繰り返し・反復の上にのみ成り立つものですが、こうした不断の「発心（発菩提心）」から、一挙手一投足すなわち一切の行為がなされるならば、その行為者は、すでに菩薩として生き、振る舞っていることに等しいのです。けだし、「菩提心」すなわち「求道心」とは、まさに、大乗の菩薩が唯一持ちうる心だからです。

私たちは、どのような道を行く者であれ、どのような生業をもつ者であれ、いかなる技術によって生きる者であれ、不断に「菩提心」を「起こす」ならば、すでに菩薩の船に乗り、菩薩の道を行きつつあるのです。仏教的生き方に腰を据えた者、仏教の真理と悟りを最高のものとし、その実現をめざして絶えず工夫している者がすなわち「菩薩」です。

私たちは、これまで、心の問題についていろいろな角度から難しいことも易しいこともおりまぜて究明してきましたが、ここで日常生活における菩提心の具体的な運用の仕方について考えてみましょう。ちなみに、僧堂の役職にあって、雲水修行者たちを指導する立場にある者の三つの心構え――喜心・老心・大心――について、道元が、『典座教訓』の最終箇所において語っています。これこそ、大乗仏教の根本精神としての菩薩道の具体的実践のあり方を、極めて易しく解きあかすものです。このことを解明することをもって、本章のむすびとしたいと思います。

六　三つの心構え――喜心《きしん》・老心《ろうしん》・大心《だいしん》

ところで、禅の修行道場には、修行僧を監督策励したり、寺院運営の任務も司ったりする重要な役職として、六知事があります。すなわち、都寺《つうす》（寺院全体の総監）、監寺《かんす》（事務の総監）、副寺《ふうす》（出納係）、維那《いの》（禅院の修行僧の行跡を監視し、坐禅堂の衆務を総監する）、典座《てんぞ》（食事係）、直歳《しっすい》（伽藍の修理、田畑の管理）の六種類の役職がそれです。(14) これら六知事がいちばん気を使うべきこととして三つの心構えが必要であると、道元は『典座教訓』の当該箇所で次のように書いています。

「凡《およ》そ諸々の知事《ちじ》・頭首《ちょうしゅ》の、職に当たるに及びて、事を作《な》し務めを作すの時節は、喜心・老心・大心を保持すべき者《もの》なり。(15)」

さてそれでは、三心のそれぞれはどのような内容をもっているのでしょうか。以下、道元に従いつつ、そのつどコメントしてゆくことにしましょう。

「所謂《いわゆる》、喜心とは、喜悦《きえつ》の心なり。我れ若し天上に生ぜば、楽に着《じゃく》して間無《ひまな》く、発心すべからず、修行も未だ便ならず、何《いか》に況《いわ》んや三宝供養《さんぼうくよう》の食《じき》を作るべけんやということを想《おも》うべし。万法のなか、最尊貴なる者は三宝なり。天帝《てんてい》も喩《たと》うるに非ず、輪王《りんのう》も比《くら》ぶるにあらず。(16)」

ここでは、禅の僧堂の典座職として、仏法僧の三宝に供養するための食事をつくる身の幸福を思い、喜びに浸るべきことが書かれています。しかしながら、このことは、単にそういった特殊な生活形態にのみ限定されるべきことではありません。私たち各人にはそれぞれ与えられている環境というものがあります。それぞれの与えられた場において、それぞれ独自の生活形態・行動様式・思惟方法があるわけですが、その各々のあり方において、自然的なもの・運命的なもの・宿命的なものがあります。これらは、あまり抵抗しても無駄なものとなるでしょう。むしろ逆に、しっかりと受け止めて、己の天分・天職として、大いなる喜びの心をもって事に対処するのと、不平不満をもって事に当たるのとでは、仕事の能率も違い、己の人生における充実感も甚だ異なるでしょう。何か物事を頼まれたときに、「私でよければ、喜んでやらせてもらいます」という返事は、依頼する側から言っても嬉しいものです。ぶつぶつ文句を言いながら仕事を引き受けられても、あまり良い気はしないでしょう。

この「喜心」ということは、これほどかように、人間社会における潤滑油となるのです。仏教用語としての「喜心」の熟語的用法には、「随喜の心」、「他人のために事をなすことを喜ぶ心」、「他人の利益のために尽くす広大な四種の心（四無量心、慈・悲・喜・捨）に喜無量心があり、他人が苦を離れ楽を得たのを見て喜びを生ずることが無量である心」などがあります。(17)

次に、「老心」については、道元は以下のように語っています。

「所謂老心とは、父母《ぶも》の心《こころ》なり。譬えば父母の一子《いっし》を念《おも》うが若し。念《おもい》を三宝に存すること、一子を念うが如くするなり。貧者《ひんじゃ》も窮者《ぐうじゃ》も、強《つと》めて一子を愛育す。其の志は如何《いかん》。外人《げにん》は識らず、父と作《な》り母と作りて方《はじ》めて之を識るなり。自身の貧富《ひんぷ》を顧みず、偏《ひとえ》に吾《わ》が子の長大ならんことを念う。自らの寒きを顧みず、子を蔭《おお》い子を覆《おお》う。以為《おも》うに、親念切々《しんねんせつせつ》の至りなり。其の心《こころ》を発《おこ》すの人は、能く之《これ》を識り、其の心に慣《なら》うの人は、方《まさ》に之を覚る者なり。然《しか》れば乃《すなわ》ち、水を看《み》るも、穀《こく》を看るも、皆子を養うの慈愍《じこん》を存すべき者歟《ものか》。大師釈尊は、二十年の仏寿を分《わ》かつに於《よ》りて、末世の吾等を蔭う。其の意《こころ》は如何。唯だ父母の心《こころ》を垂るるのみ。如来は全く果《か》を求《もと》むべからず。(18)」

やや長い引用ですが、文章自体はそれほど難解ではないので、ゆっくり読めば文意は大体理解可能でしょう。「老心」とは、熟語的には、もともと老婆心・婆心とも、単に老婆とも言い、老婆が他人のために徹底して尽くすように、自らを顧みず、純一に他人に奉仕する心であり、「衆生無辺誓願度」以外の何ものでもありません。ここでは、道元は、老心を親が子を思う心として捉えています。たとえば、親はどんな親でも、貧乏人であれ大富豪であれ、すべてわが子への思い・愛情は同じです。ときどき親が子を虐待するなどという悲しい事件が起こっていますが、こういうことはまことに嘆《なげ》かわしい限りです。自分のことは忘れて、子供にはよかれと思うことをなすのが本来の親というものです。これができなければ、親でもありません。この心は他人には分からず、自分自身が親となって初めて分かるのみです。親はわが身を犠牲にしてまでも子供のために尽くすものです。一切衆生を自分の赤子の如くみなした釈尊は、そもそも百年の寿命を二十年縮めて、その分を一切衆生に分かち与えた、と言われています。釈尊は、これによって何か見返りの報酬を求めたわけでもなく、ただひたすらそのこと自体に尽くしたのです。

最後に「大心」については、次のように語られています。

「所謂、大心とは、其の心を大山《だいざん》にし、其の心を大海《たいかい》にして、偏《へん》無く党《とう》無き心なり。錂《りょう》〔宋代では約三七・三グラム、ごく軽いものの譬え〕を提《かか》げて軽《かる》しと為《な》さず、鈞《きん》〔約一七・九グラム、比較的重いものの譬え〕を扛《あ》げて重《おも》しとすべからず。春声《しゅんせい》に引かるるも春沢《しゅんたく》に游ばず、秋色《しゅうしょく》を見ると雖も、更に秋心《しゅうしん》無し。四運《しうん》を一景《いっけい》に競《きそ》わしめ、銖《しゅ》両《りょう》〔銖と両、極めて軽いものと普通の重さのもの〕を一目に視る。是《こ》の一節に於いて、大の字を書くべく、大の字を知るべく、大の字を学すべきなり。(19)」

このように、大心とは、心をあるいは大山の如く、あるいは大海の如く構え、我知・我見・我慢・我愛に陥らず、偏見や党派根性を乗り越えた普遍的な心です。したがって世間的に見て価値がないからといって決してないがしろにせずに、あるいはまた世間でもてはやされているからといってそれらを特別視するわけでもありません。春爛漫の好時節だからといって、それに引かれて野山に物見遊山に出かけることもなく〔言い換えれば、調子がよいのに浮かれて自己を見失うこともなく〕、秋の落葉を見ても、ことさら憂鬱な気分にもならないのです。四季の運行変化も、大自然の出来事として甘受し、軽い重いといったことも、これに心惑わされることなく、一目のもとに見て、そこに是非善悪といった差別感を持ち込まずに、むしろ各々の自然の自性の実現として見ていくのです。そのように、大はもちろん、小に対しても大心をもって望み見るところにおいてのみ、大の字を書き・知り・学ぶことの真の意義が実現されているのです。

「あの人は大人の風格がある」とか、「彼は大人物である」とか、「あいつは大した奴である」というようなセリフは、明らかに、大心を持つ人に関して、そのような人物を称賛する気持ちで言われうることです。いわゆる「大《だい》象《ぞう》兎《と》径《けい》に游ばず、大悟小節に拘わらず」（永嘉大師『証道歌』）ということです。すなわち、大きな象は兎の道を行くことはできないし、本当の悟り（大悟）は、小さな事柄には拘泥しないものです。現代はすべてが機械化され自動化されコンピューター化されているので、仕事はたしかに早く片づけられますが、一つの仕事が片づいたと思いきや、すぐさま別の仕事が私たちを追いかけてきます。私たち現代人はあまりにも多種多様な喧騒と多忙に追いかけまわされています。いまこそ各人が、大心（喜心・老心）をもって事に当たり、もう少しゆったりした人生を送りたいものです。

注

（1）中村元『仏教語大辞典・縮刷版』、東京書籍、一九八五年第五刷、「直心」「菩提心」の項参照。ならびに『華厳経』二三巻、『六祖壇経』四「定慧」、『維摩経』、『上宮維摩疏』上などを参照。
（2）武者小路実篤『維摩経』、角川文庫、一九六一年第五版、五四、二二五頁参照。長尾雅人訳注『改版・維摩経』、中公文庫、一九八八年再版、一八頁参照。
（3）有福孝岳『道元の世界』、二一七〜二二三頁参照。
（4）有福孝岳『道元禅師のことば「修証義」入門』、法藏館、二〇一〇年、八九頁参照。
（5）水野弥穂子校注『正法眼蔵』（岩波文庫版）では、「発菩提心」というタイトルが、旧草七十五巻本中第六十三巻（三 325-338）と、新草十二巻本中第四巻（四 176-195）の両巻に冠せられている。当該箇所はもちろん、新草十二巻本中の第四巻である。なお、衛藤即応校注『正法眼蔵』（岩波文庫旧版）、つまり九十五巻本『正法眼蔵』では、第六十九巻が「発無上心」、第七十巻が「発菩提心」となっている。なお、六十巻本系『正法眼蔵』では第三十四巻が「発菩提心」、第五十三巻が「発無上心」となっている。本書一一六頁注（6）参照。
（6）酒井得元脚注『従容録』、曹洞宗宗務庁、一九七四年、四八／四九頁参照。
（7）B・パスカル『パンセ』（由木康訳）、三四八「考える葦」、白水社、一九九〇年、一四三頁参照。
（8）坂本幸男・岩本裕訳注『法華経』下巻、岩波文庫、一九六七年、三六頁参照。
（9）九族とは、高祖父・曽祖父・祖父・父・自己・子・孫・曽孫・玄孫、すなわち、自分の世代を中心にして、過去四代、未来四代の血族・血統を意味する。
（10）有福孝岳『道元の世界』、一二一〜一三一、一三三〜一四七頁参照。
（11）桜井秀雄「学道用心集・解題」、『道元禅師全集』第五巻、春秋社、一九八九年、二八五〜二九〇頁参照。
（12）詳しくは、有福孝岳『道元の世界』後篇第二章二「無常と菩提心」の項参照。
（13）M・ハイデッガー『存在と時間』（Martin Heidegger, *Sein und Zeit*, 10. unveränderte Auflage, Tübingen 1963）第五〇、五二節など参照。

(14) 中村璋八・石川力山・中村信幸訳注『典座教訓・赴粥飯法』、講談社学術文庫、一九九一年第一刷、二〇頁参照。訓読の仕方ならびに、言葉の意味に関しても、同訳注の説明の恩恵に浴している。以下、本テキストによって参照箇所を本文中に示す。
(15) 同右、一二四／一二五頁参照。
(16) 同右、一二四／一二五頁参照。
(17) 同右、一二七／一二八頁参照。
(18) 同右、一三〇頁以下参照。
(19) 同右、一三三頁以下参照。

第七章　観音の力と働き——心眼をもって観ること

一　観音とは何か(1)

「観音」とは、周知の如く「観世音」の略称であり、鳩摩羅什訳（旧訳）の『妙法蓮華経』には両訳語が使われているのですが、鳩摩羅什以前には「光世音」と訳され、隋唐時代（五八一～九〇七）には「観自在」（新訳）と訳されました(2)。なお、現存のサンスクリット原典によれば、サンスクリット名は「アバロキテシュヴァラ（Avalokiteśvara）」すなわち、「観察することに自在な」という意味を持っている言葉です。

右のサンスクリット原語 Avalokiteśvara は、avalokita（観）と īśvara（自在）との合成語なのですが、古くは後半が -svara（音）となっているテキストが存在していたということを、これらの漢字の訳語の存在自身が物語っています。中央アジアで発見された『法華経』断片には、「観音」の訳語に対応するサンスクリットたる Avalokitasvara という言葉が見出されるそうです。また「光世音」という訳語に関しては、前半の語が āloka（光明）であったとも考えられるし、あるいは「世」という語は前半が loka（世界）という語とある種の関連をもっているとも考えられるが、詳細は不明である。

ところで、「観音」ないし「観世音」という言葉の由来に関しては、たとえば、『妙法蓮華経』『観世音菩薩普門品』の中には、「若し無量百千万億の衆生ありて諸《もろもろ》の苦悩を受け、この観世音を聞きて、一心に名《みな》を称《とな》うれば、観世音菩薩は即時《ただち》に其の音声《おんじょう》を観じて、皆解脱《みなげだつ》することを得せしめん。この因縁を以て観世音と名づく」(3)という一節があります。このように、観音、つまり観世音菩薩のことは、インドでも広く知られており、他にも『金光明最勝経』（『金光明経』）『薬師七仏本願功徳経』（『薬師経』）、『解深密経《げじんみっきょう》』などにその名が出ており、『無量寿経』には阿弥陀仏の浄土に観世音・大勢至の二菩薩がいることを説き、『観無量寿経』には観世音菩薩に関する観法を説いており、浄土思想においては、この二菩薩は阿弥陀の脇侍《きょうじ》として礼拝されるようになりました。『八十華厳』『入法界品《にゅうほっかいぼん》』によれば、五十三人の善知識の一人として南インド補陀洛山（Potalaka）に住むと言われます。『大清浄観世音普賢陀羅尼経《ふげんだらにきょう》』では、普賢菩薩とともに釈尊の脇侍になっています。大乗菩薩の中で、智慧の文殊、願行の普賢とともに慈悲の観音（観世音）は最も名高く、インド、中国、日本を通じて広く信仰されています。なお、中国の禅林においては、多く「観音」をもって衆寮《しゅりょう》〔修行僧の居る所〕の本尊としたほどであったと言われます(4)。

以上をまとめて言えば、観音とは、限りない慈悲心をもって一切衆生を救済することを本願とする菩薩です。このように、観音は、衆生無辺誓願度・自未得度先度佗というふうに言われる大乗菩薩道の根本精神を体現する菩薩の典型です。上求菩提の側面よりも、下化衆生の側面を身をもって実践する姿が、たとえば、『観音経』では三十三身に化身して一切衆生を救済すると説かれているのです。その救済活動や衆生済度の働きの自由自在さ・多様さ・活発さ・力強さ・見事さ・巧みさ・慈悲深さなどを表現すべく、いろいろな名前が与えられています。たとえば、観世音菩薩の異名としては、「救世《くせ》菩薩・救世浄聖《じょうしょう》・施無畏者《せむいしゃ》・蓮華手《れんげしゅ》・普門《ふもん》・大悲聖者」などがあり、『正法眼蔵』「観音」の巻では、「大悲菩薩・手眼菩薩」などとも称されています。

さらに、観音の種類としては、その形や役割によって、千手千眼《せんじゅせんげん》・十一面・准胝《じゅんてい》・如意輪《にょいりん》・不空羂索《ふくうけんじゃく》・青頸《しょうきょう》・

香王《こうおう》などの名、また聖《しょう》（正）観音や馬頭《ばとう》・白衣《びゃくえ》・水月・楊柳・多羅・魚籃《ぎょらん》などの名があり、また六観音・七観音・十五観音・二十五観音・三十三観音などが数えられています。

さて『妙法蓮華経』『観世音菩薩普門品』では、観世音菩薩は、衆生が観世音菩薩の名を称える声を聞いて、彼らの苦悩を取り除いてくださるとありますが、世間の人々が苦しんでいるということやその状況自体が、観世音菩薩にとっては、すでに衆生が「南無観世音菩薩」と称えていることと同じことに聞こえてくるはずです。それぐらい、いかなる些細な苦しみでも嗅ぎつけ、いついかなるときでも、どんなに遠いところでも、どんな衆生のところでも、救済のためには、手間暇かけずにたちどころにとんでいくことができるような神通力・積極性・勇気・やさしさなどを持ち合わさなければ、観世音菩薩の面目躍如ということにはならないでしょう。そのことが、ここで述べたような種々様々の様態・様相をもった観音の諸形態に十分に言い尽くされているのではないでしょうか。

このように広く衆生の苦難・苦悩を救うということから、『観音経』がことさら「普門品」と名づけられているのです。まず「普」とは、「普及」とか「普天之下」という語法があるように、すみずみまで広く行き渡ることであり、また、広く行き渡ってあまねきことであります。したがって「普門」とは、あまねき門・門戸という意味であり、たとえば、三十三身を現じて、すべての衆生のあらゆる苦しみを和らげ救うという教えの門が『観音経』であることをしっかりと言い表しているのです。

二　観音の力と働き

さて『法華経』第二十四品『妙音菩薩品』の主役としての妙音菩薩が東方に位置するのに対して、『法華経』の第二十五品『観世音菩薩普門品』の主役としての観世音菩薩は西方に位置する菩薩であり、具体的に自らの身を現じて娑婆世界に遊び、三十三身を現じて苦難に陥っている衆生を救済することになります[5]。

この場合に衆生の側は一心不乱に観世音菩薩の御名を称え、常日頃より観世音菩薩を恭しく敬い、懇ろに礼拝し供養するという敬虔な態度が必要です。そういう衆生の一生懸命な働きが「感」ということです。この感の働きは、観世音菩薩を信じて供養礼拝する衆生の一生懸命な行為を意味しているのです。これに対して、人々の敬虔な声と態度を観察して観世音菩薩はその苦悩・苦難を救われるのであり、これが観世音菩薩の「応」という働きです。このようにしてのみ、衆生と菩薩との間に「感応道交」が成立するのです。したがって、「観世音菩薩普門品」を要約して、聖徳太子（五七四〜六二二）は「観は菩薩の応であり、世音は衆生の口業の感である。感と応を具するので観世音といい、普門とは、普は普周の義、門は開通無碍の義である」（岩波文庫『法華経』下、注二四一、三七一／三七二頁参照。『法華義疏』巻十二、大正蔵三四巻六二四頁下参照）と注釈し、唐の窺基《きき》（六三二〜六八二）[6]は「世間の衆生は音声を起して帰念し、菩薩は大悲の慧をもって俯観して救うので観世音と名づける」（『法華玄賛』十之末）と注釈しています[7]。

ところで、『観音経』は、散文で書かれた箇所（長行《じょうごう》）と、韻文で書かれた箇所（偈文《げもん》）から成り立ち、その構成は、最初の三分の二が長行、次の三分の一が偈文と続き、最後に再び極めて短い長行によって締めくくられています。最初の散文の長行で説かれた観世音菩薩の度生説法のありさまが、韻文の偈文で反復と展開とを含みながら再説されているのです。ここまで述べたことは最初の長行で語られていることですが、以下では、まず、『観音経』の冒頭に近い長行のところで述べられている観音の大慈大悲の働きについて簡単に述べておきます。

観世音菩薩の第一の働きは、衆生の苦難を救うことにあります。たとえば、「若し無量百千万億の衆生ありて諸《もろもろ》の苦悩を受け、この観世音を聞きて、一心に名《みな》を称《とな》うれば、観世音菩薩は即時《ただち》に其の音声《おんじょう》を観《かん》じて、皆解脱を得しむ。若しこの観世音菩薩の名を持する者有らば、設《たとい》大火に入るとも、火も焼くこと能わず、この菩薩の威神力《いじんりき》に由るが故なり。若し大水の為に漂《ただよ》わされんに、その名号を称《とな》うれば、即ち浅き処を得ん。若し百千万億の衆生有りて、金《こん》・銀《ごん》・瑠璃《るり》・硨磲《しゃこ》・碼碯《めのう》・珊瑚《さんご》・琥珀《こはく》・真珠等の宝を求めんが為に大海に入らんに、仮使《たとい》、黒風その船舫《ふね》を吹きて、羅刹鬼《らせつき》の国に飄《ただよ》わし堕《おと》しめんに、その中に若し乃至一人有りて、観世音菩薩の名《みな》を称うれば、この諸の人等は皆、羅刹の難より解脱することを得ん。この因縁を以て観世音と名づくるなり」とあります。(8)

このように、観世音菩薩がどれほど優れた救済力を持っているかということを説示するために、衆生が南無観世音とその御名を称えるだけで、「火難・水難・風難・刀杖難・悪鬼難・枷鎖難・怨賊難」の七難を救い、観世音菩薩をつねに念じて恭敬すれば、貪欲・瞋恚・愚痴の三毒から免れ、女性が観世音菩薩を礼拝供養すれば二つの求願、すなわち、智慧豊かな男子（福徳智慧之男）と眉目麗しき女子（端正有相之女）を授かることができるとあります。このように、観音の働きを口の働き、意の働き、身の働きという三業で説明しています。言い換えると、観世音菩薩の御名を口で称えること（一心称名）によって七難を回避し、意の働き（常念恭敬）によって貪・瞋・癡の三毒（煩悩の最大の原動力となるもの）から離脱し、身の働き（礼拝供養）によって理想的な男女の子供を得たいという願望（二求《にぐ》）――願望も欲するものが得られないという苦悩の一つ――をかなえることができるというのです。

こうした衆生の種々様々の苦悩・苦難を救うために、観世音菩薩は三十三身を現じて、かつ十九種類の説法を通じて、それぞれの苦悩に対応していく大慈悲行の菩薩です。ちなみに、「応に仏身を以て得度すべき者には、観世音菩薩、即ち仏身を現じて為に法を説く」とあるように、仏身に始まって、執金剛神（身）に至るまで、三十三の異なった存在者（三聖身・六天身・五人身・四部衆身・四婦女身・二童身・八部身・執金剛神）に対応してそれぞれ己れの身を化身（応身）させつつ、済度し説法する観音の利他行（応以〜身得度者、即現〜身而為説法）こそが『観音経』の神髄（真髄）なのです。三十三は、これによって一切衆生を代表させたわけであり、このように変身するということは、観音様は誰でも救済する決意をしているということであり、したがっていつでもどこでも、衆生の悩みや苦しみや危険や困難のあるところに出現するということです（無刹不現身）。それは、月が、どんな汚い水面にも、もちろん美しい水面にも、海、川、湖、水溜まり、洗面水でも、皆ことごとく自らを映し出すようなものです。

　こうした観音の大慈悲の働きは、『観音経』の第二部を構成する偈文（普門品偈）では「能救世間苦・能滅諸有苦」というふうに語られています。たとえば、王難・刀杖の難、杻《ちゅう》・械《かい》・枷《か》・鎖《さ》（それぞれ手・脚・頸・身体の自由を奪う刑罰の道具）の難、悪人・怨賊の難、夜叉・羅刹・鬼難、毒竜・悪獣・蚖《とかげ》・蛇・蝮《まむし》・蠍《さそり》の難、大自然の猛威（雲《くも》雷《いかずち》鼓《な》り掣電《いなびかり》し、雹《あられ》を降《ふ》らし大雨《たいう》をそそぐも）、種々諸々の悪趣、生老病死の苦しみなどを「悉く滅せしめる（以漸悉令滅）」とあります。あるいはまた、裁判にかけられ訴訟事に巻き込まれて罰せられる危険にあうとき、あるいは戦陣のさなかにおいて生命の危険にさらされるときでも、観世音菩薩は、こうした苦難や危険からわが身を救ってくださるがゆえに、われわれの不安や恐怖心、あるいは怨みや仇をも取り除いてくださる（「衆怨悉退散」）という意味において、人々をして安心させるという力量を備えている菩薩です。安心させるとは、人々が畏れおののく必要がないという気持ちにさせること、すなわち、「無畏を施す」ことです。

　それゆえ、観世音菩薩は、一方においては、限りない慈悲・慈愛を衆生にそそぐ（大悲菩薩）と同時に、他方においては、何事に臨んでも恐れなく勇気をもって初志を貫徹することができるように、衆生に対して無畏を施すのです。その模様は、普門品長行において、「諸《もろもろ》の善男子恐怖《くふ》を得ること勿れ。汝等《なんだち》応当《まさ》に一心に観世音菩薩の名号を称うべし。是の菩薩は能く無畏を以て衆生に施したもう。汝等若し名《みな》を称うれば、是の怨賊において当に解脱を得べし」、あるいは「是の観世音菩薩摩訶薩は、怖畏急難の中において能く無畏を施し給う。是の故にこの娑婆世界に、皆之を号して施無畏者と為す」と語られています。まさしく、観音様とは施無畏菩薩なのです。

　このように、観世音菩薩が人々をして、畏れをなくさせる力をもつということを、『観音経』では、また「威神力」ないしは「自在神力」をもつがゆえにこそ、衆生の危難と苦悩を救うことができると言われています。しかし、この力は、次のような深く広い、しかも清らかな誓願に支えられているのです。すなわち、「汝観音の行を聴け。善く諸《もろもろ》の方所に応ず。弘誓《ぐぜい》の深きこと海の如く、劫を歴《ふ》るとも思議せられず。多千億の仏に侍《つか》えて、大清浄の願を発《おこ》せり」というふうに、観音の力と働きが賛嘆されているのです。

ここで注目すべきは「汝、観音の行を聴け」という言葉です。普通ならば、「観音の行を見よ」となるはずですが、あえて「行を聴け」となっていることの真意と深意を私たちは聴き取らなければなりません。聴けとは聴き取れということ、すなわち、心の耳を欹《そばだ》てて、真意を深く理解せよということです。観音の大慈悲行としての待機説法は、三十三身を現じて至る所に神出鬼没し、どんな人の苦しみをも救わんとする大誓願ですので、広大無辺な海のように大きく、ちょっとやそっとの思慮分別では不可解なところに位置しているのです。観音はこのように無私無欲の行者なのです。

ところで、観世音菩薩の観る働きには五つの働き方、つまり五観があると言われています。すなわち、「真観、清浄観、広大智慧観、悲観及び慈観、常に願い常に瞻仰《せんごう》すべし」と語られています。この五観のそれぞれの特色ないし差異に関しては、岩波文庫本の訳注に従うならば、真観は真諦を観る空観、清浄観は塵沙の染汚を離れる仮観、広大智慧観は空・仮を双べ照らす中道観、悲観は空・仮・中の三観を用いて衆生の苦を抜く働きとしての観、慈観は三観を用いて衆生に楽を与える働きとしての観、さらに日本の天台学では、真観を准胝観音に、清浄観を十一面観音に、広大観を如意輪観音に、智慧観を馬頭観音に、悲観を千手観音に、慈観を聖観音に配釈していると言われます。[9]

次には、観世音という音がまた、五つの種類に分けられています。「妙音《みょうおん》・観世音、梵音《ぼんのん》・海潮音《かいちょうおん》、勝彼世間《しょうひせけん》音《おん》〔彼の世間に勝れたる音〕あり、この故に須《すべか》らく常に念ずべし」とあります。これらの音に関しても、岩波文庫本の訳注に従うならば、妙音とは空と有とを双遮《そうしゃ》〔共に否定〕する空智の音、観世音とは空と有とを双照《そうしょう》〔共に肯定〕する中智の音、梵音とは慈・悲・喜・捨の四観をもって照らす仮智の清浄なる音、海潮音とは潮の時節を差《たが》えざる如く、衆生救済に時を失わずに出す音で、共に仮智の音、勝彼世間音とは智の外に音なく、音の外に智なき境智冥合し思慮を超えた音であると言われます(10)。

やや煩瑣な説明ばかりにとらわれすぎた嫌いがありますが、本当は、観音様の行は、多種多様であっても、その本質はもっと明快でシンプルなものでなければならないと思います。説明の言葉をいくら並べても衆生の苦悩は救えません。観音の行は言葉ではなく、働き以外の何ものでもありません。とにかく、観世音という音を聴き取るということは、全身全霊を傾けて、観音の行を聞き取り理解する心がなければなりません。「汝、観音の行を聴け」ということは、己を無にして、全身全霊をもって観音様の御名を唱える者にのみ聞こえてくる音であり、観ずることができる行なのです。

以上が、「観世音菩薩普門品」の大体の様子であり、観世音菩薩の働きの諸相です。さて、それでは、この観世音菩薩の慈悲深い働きの出てくる根源的行為としての「観」という働きは、一体全体どのような特質と本質をもっているのでしょうか。その鍵は、「観自在」としての「観」の働きの内にあることが、以下において明らかになります。

三　観自在と心眼の働き

三・一　観自在とは何か

さて、『正法眼蔵』「観音」の巻にも、「永嘉真覚大師に、不見一法名如来《ふけんいっぽうみょうにょらい》（流布本では、不見一法即如来、となっている）、方得名為観自在《ほうとくみょういかんじざい》の道あり。如来と観音と、即現此身《そくげんししん》なりといへども、他身にはあらざる証明《しょうみょう》なり」（一

430/431）と道元は語っています。永嘉真覚大師「証道歌」の原文では、「指を執《しう》して月となす、枉《ま》げて功を施す（執指為月枉施功）。根境法中虚《みだ》りに捏怪《ねっかい》す（根境法中虚捏怪）。一法を見ざれば、即ち如来、方《まさ》に名《な》づけて観自在と為《な》すことを得たり」とある段落の後半部分です。まず、「証道歌」の方から解釈することにします。

人間はとかく、物を指で示しながら、本体の物そのものの方を忘れて、指を本物かと錯覚することはよくありますが、同じことは物と言葉との間にも成り立つことです。それは、ちょうど船に乗っているとき、持ち物が水中に落ちたと言って、船の手すりに印や疵をつけておいて、そこに物があると思うようなものです。実在の世界は、六根（眼・耳・鼻・舌・身・意根）と六境（色・声・香・味・触・法境）との関係によって六識すなわち六種の認識作用が生ずるのですが、そこに我痴・我見・我慢・我愛、あるいは人間主観の錯覚、偏見、先入見、悪巧み、利害打算、エゴイズムなどの働きが介入して、自己の分際を忘れてあるべからざる振る舞いをしたり、ありもしない対象を無理矢理に捏造してしまったりするのです。まさしく、「迷うが故に三界城、悟るが故に十方空、本来無東西、何れの処にか南北有らん」なのです。迷いの世界の中にいるために、やれ欲望の世界だとか、やれ物質的世界だとか、やれ精神的世界だとかなどと区別し、その区別にとらわれるのです。悟ってしまえば、これらの三つもただ一つの心の現れに他なりません。自分を中心にして世界を考察するからこそ、東西南北の違いが生じてくるのですが、地球のことを考えれば、自分の立ち位置によって東が西となったり、南が北となったりするように、名前というものはあくまで仮のものです。空という観点から見れば、東も西もなく、南も北もありません。しかるに、そうした偏見にとらわれぬ者、つまり、「業障本来空と了ずる」者は一機一境に動かされることなく、いつも大局的見地に立って行動し、すべての認識・行為・感情などにおいて自在を得ており、真に独立独歩であるのです。

ちなみに、仏教の哲学的真理をわずか「二百六十二字」でもって最も巧みに表現している『般若心経』には、空の哲学のエッセンスがちりばめられています。[11] この『般若心経』の冒頭の文章は次のようになっています。「観自在菩薩、深般若波羅蜜多を行ずる時、五蘊は皆空なりと照見して、一切の苦厄を度したまう」。波羅蜜多（pāramitā）とは、「到彼岸」つまり「彼岸に（pāram）到れること（ita）」ないしは「完全に到達させること（pāramitā）」を意味しており、それゆえ般若波羅蜜多とは、「智慧の完成」を意味しており、したがって漢訳では「智度」と訳されています。(12) しかも、ここでは「深」の一字が般若波羅蜜多の前についており、さらにその上、興味深いことに、こうした「深般若波羅蜜多」を「行」ずるときというふうに、深い智慧の完成もまた一つの「行」つまり「実践」ないし「修行」の問題に関係づけられている点です。つまり、そうした深い智慧の完成を身をもって実践するときにおいてのみ、すべての存在は「空」であると「照見」することができるのです。この「照見」の働きはもちろんのこと、「行」ですら、観自在菩薩の「観」の働きによってのみ可能なものです。そのような「観」は、単に主観と客観とに分かれた悉有の二分の一としての主観が、同じく二分の一としての客観を対象化して考察し観察するような観方ではなくて、人間と自然とを不二一体的に「直観」する働きでなければなりません。それは対象的・分析的な比量知ではなくて、全体的総合的な直観知です。

三・二　心眼の働きとしての観ること

先に引用した『妙法蓮華経』「観世音菩薩普門品・第二十五」は、「若し無量百千万億の衆生ありて諸《もろもろ》の苦悩を受けんに、この観世音を聞きて、一心に名《みな》を称《とな》うれば、観世音菩薩は即時《ただち》に其の音声《おんじょう》を観じて、皆解脱を得せしめん。」(13) という一節から始まります。なにしろ、観世音菩薩が衆生の「声を観る／観ずる」とは奇妙な表現であり、それは一体いかなることを意味しているのでしょうか、どのようにしてそのような事態が可能となるのでしょうか。一言で言えば、観世音菩薩の観は、心眼で観ることによってのみ可能であるということです。なぜなら、通常の理解に従うかぎりは、声は聞くことはできても、観ることはできないものだからです。

同じことは、『観無量寿経』の「観」の字にも当てはまります。なぜなら、この経の題名は、無量寿仏（阿弥陀仏）を思念の対象として観察する方法を明らかにする経の意味を持っているからです。観察の対象としての阿弥陀仏は西方極楽浄土の教主であるのですから、『観無量寿経』に説く「観察」とは、浄土の国土や聖衆や阿弥陀仏の仏身などを、それらの具体的形相によって、自己の心中にそのまま現出させて観察し――これは事観《じかん》と呼ばれる――、また観察力の弱い者には仏名を称えさせて、滅罪・見仏・往生の利益を獲得させることをめざす働きです(14)。このように、『観無量寿経』における「観」は「想像」作用に近いものです。これには、たとえば、次のような一節があります。

「ただ、まさに憶想して、心眼をして見せしむべし。この事を見る者は、すなわち、十方の一切の諸仏を見る。諸仏を見るをもってのゆえに、〈念仏三昧〉と名づく。この観をなすを、〈一切の仏身を観る〉と名づく。仏身を観るをもってのゆえに、また仏心を見る。仏心とは大慈悲これなり。無縁の慈しみをもって、もろもろの衆生を摂するなり。この観をなす者は、身を捨て（のち）他世に、諸仏の御前《みまえ》に生まれて、無生忍をえん。このゆえに、智者は、心を繋《か》けて無量寿仏を諦観すべし」(15)。ここのところを現代語訳すれば、以下のようになるでしょう。すなわち、

「ただまさに、憶念想起して心の眼で見えるようにしなければならない。こうした仏のありさまを見る者は一切の諸仏を見たてまつるのである。それは一切の諸仏を見たてまつることであるがゆえに、これを「念仏三昧」つまり「一心不乱に諸仏を憶念すること」であると呼ぶのである。このように心眼で仏を見たてまつるという「観」の働きを「一切の仏身を観る」ことと名づけるのである。これは仏身を心眼で観る働きなので、これによって仏の心をもまた観ることができるのである。仏心とは、大慈悲行の源である。縁すなわち一定の枠

組みに限定されないほど無限の慈悲心をもってもろもろの衆生に接するのである。こうした観仏行為を為す者は、この世でなくなっても来世において、仏の御前に生まれて、無生《むしょう》（法《ぼう》）忍《にん》という、すばらしい境地を獲得するのである。ところで、無生（法）忍とは、すなわち、一切のものが空であり、それ自体の固有の性質を持たず、したがって生滅変化を越えているという事実の道理を受け入れることである。したがって、智慧ある者は、常日頃よりこのことを念頭に置きながら、無量寿仏を静かに心眼で観たてまつらなければならないのである。」

次には、これとはニュアンスの違った、禅本来の意味での観ることとしての心眼の働きについて考えてみることにします。その場合には、観ることとは、空の自覚と表裏一体をなしていることを忘れてはなりません。ちなみに、『正法眼蔵』「無情説法」の巻で、道元は、次のような、中国曹洞宗の開祖、洞山悟本大師の偈頌を引用しています。「也太奇《やたいき》（また太《はなは》だ奇なり）、也太奇、無情説法や不思議なり。若し耳を将《もっ》て聴かば、終《つい》に会し難し、眼処《げんしょ》に聞《もん》声《しょう》して方《まさ》に知ることを得ん」。ここでも、眼で声を聞くことによって、初めて無情説法が分かるのだ、と語られています。『正法眼蔵』の巻名には「渓声山色」とか「山水経」とか言われる題名があるように、大自然の声なき声、音なき音を仏の説法の大音声として聴き取ることの重要性が語られていますが、これは、通常の五感の働きの一つとしての、耳で声音を聞くという仕方では不可能です。全身全霊をもって事柄に対処して初めて、その色・声・香・味・触・法を聞き取ることができるのです。それがまさしく「眼処に聞声して方《まさ》に知ることを得ん」という次元の出来事なのです。それが真の意味での、心眼で観ることでもあります。

ちなみに、宮本武蔵は、『五輪書』を書くにあたって、「仏法儒道の古語をもからず、軍記軍法の古きことをももちひず、此の一流の見たて、実《まこと》の心を顕す事、天道と観世音を鏡として、十月十日之夜寅の一てんに筆をとつて書き初るもの也」（地の巻）と語り、しかも、「兵法の目付《めつけ》といふ事。目の付けやうは、大きに広く付くる目也。観見二つの事、観の目つよく、見《けん》の目よはく、遠き所を近く見、ちかき所を遠く見る事、兵法の専《せん》也」（水の巻）というふうに、肉眼で見る働きの奥底に、心眼で観る心の働きを重要視しています。だからこそ、「観見《かんけん》二つの見やう、観の目つよくして敵の心を見、其場の位を見、大きに目を付て、其戦《たたかい》のけいきを見、其おりふしの強弱を見て、まさしく勝事を得る事専《せん》也、大小〔の〕兵法においてちいさく目を付くる事なし」なのであります（風の巻）。そして、宮本武蔵は、『五輪書』の結論近くにおいて次のように語っています。「心意《しんい》二つの心をみがき、観見二つの眼をとぎ、少《すこし》もくもりなく、まよひの雲の晴れたる所こそ、実の空としるべき也、実の道をしらざる間は、仏法によらず、世法《せほう》によらず、おのれおのれは慥《たしか》なる道とおもひ、よき事とおもへども、心の直道《じきどう》よりして、世の大かね〔曲尺＝尺度〕にあわせて見る時は、其身其身の心のひいき、其目其目のひずみによつて、実の道にはそむく物也」（空の巻）[16]。

さて、宮本武蔵は、肉眼の目と心の眼、見と観との区別、ならびに後者の重要性を剣道の極意として語っているのですが、それは何も剣道に限ったことではなくて、人間のあらゆる営みにおいて普遍的に妥当する真理です。日本語では、この心眼の観点は、しばしば「第六感」とか「勘」とか言われているものに等しいものです。ちなみに、『大辞林』（三省堂、一九八八年）の説明によれば、勘とは、「①物事を考えたり調べたりしないで、直感的に感じとる能力。第六感。②よく調べて考えること。罪を調べただすこと」というふうに、二つの矛盾する定義が与えられています。この事実の内に見て取られるように、勘または第六感は、自然ないし宇宙——それが日常的な些細な出来事であれ、大自然との画期的な出会いであれ——と一体となった全身全霊的な直観知です。したがって、それは、感覚的側面と知性的側面の総合的統一、つまり、感覚の卓越性と知性の卓越性、言い換えれば、感覚の直接性と知性の普遍性とを兼ね備えた認識・行為・感情能力に他ならないのです[17]。

ところで、単なる個別的・感覚的・経験的な「見」ではなくて、普遍的・理性的・英知的な「観」の重要性は、多少のニュアンスの違いこそあれ、西洋哲学においてもおしなべて力説されたところです。たとえば、ギリシア哲学における「テオーリアー（theōriā）〔観想〕」、あるいは「イデイン（idein）〔(真理つまりイデアを) 観ること、知ること〕」ないしは「ノエイン（noein）〔(ヌースつまり理性で) 観ること、考えること〕」などの言葉の意味と役割、あるいはデカルトにおける哲学の第一原理としての「われ思う、ゆえにわれ有り（cogito, ergo sum）」という命題、あるいはスピノザにおける「永遠の相のもとに（sub speciē aeternitātis）」という言葉においても、そのことは明らかです。さらには、「すべての私たちの認識は経験とともに始まるけれども、だからといって、すべての認識が経験から生ずるわけではない」（『純粋理性批判』第二版、一七八七年、一頁）と言うカントの「超越論的（transzendental）」認識の観点もまた、普遍的真理の把握のためには、単なる感覚的・経験的要素だけでは不十分であり、感覚と経験とを自らの内容として包摂しつつも、それを超越した理性的・超越論的思惟をつねに必要としていることをはっきりと示しています。

三・三　止観の観とは何か

ところで、これまで述べてきたところの、心眼の働きとしての観ることには、観るべき対象がまだ存在しています。ところが、声なき声を聞き、音なき音を聴き、色なき色を見、形なき形を観るためには、私たちは通常の見聞覚知とは違ったあり方を根本において必要としているのです。それは対象なき対象の観察です。そうした対象なき対象の観察は、究極的には、「摩訶止観」と言われるもの、いわゆる「禅定」「静慮」と言われるものです。だからこそ、かつて薬山《やくさん》惟儼《いげん》和尚は、僧の質問に対して、坐禅のあり方を「思量箇不思量底〔箇の不思量底を思量せよ〕」、「非思量」と形容した（『景徳伝燈録』一四、薬山惟儼章）のです。心眼の働きが真に空観から発することを自覚するためには、止観としての坐禅のあり方を知らねばなりません。

『岩波・仏教辞典』の解説によれば、「止観（śamatha-vipaśyanā）」とは、「心を外界や乱想に動かされず静止して特定の対象にそそぐśamatha（止）と、それによって正しい智慧をおこし対象を観ずるvipaśyanā（観）」とをいい、戒定慧（三学）の定と慧に相当しますが、止と観とは互いに他を成立させて仏道を全うさせる不即不離の関係にあります。ところで、こうした訳語をそもそも中国人が使用したのには、たとえば次のような典拠があります。

ちなみに、『荘子』の「徳充符篇《とくじゅうふ》」には、「人は流水に鑑《かがみ》すること莫《な》くして、止水に鑑す。唯《た》だ止《し》にして能く衆止を止《とど》む（静止しているからこそ、他の多くの静止したものを止められるのだ）。命《めい》を地に受くるは、唯だ松柏のみ独《ひとり》正しく、冬夏に青青たり。命を天に受くるは、唯だ舜のみ独り正しく、幸いに能く正生にして衆生を正す。夫れ始めを保《まも》るの徴《しるし》は不懼《ふく》の実なり（基本的な立場をきちんと守っておれば、世間の毀誉褒貶などびくともしないですむ）[18]」とあります。

また同じく、「則陽篇《そくよう》」には、「吾れ之が本はじめ（この世界の始原）を観るに、其の往くや窮まるなく、吾れ之が末《おわり》（世界の終末）を求むるに、其の来るや止《とど》まるなし。窮まるなきと止まるなきとは、これを無と言えば、物と理を同じくす。使《せ》しむる或《あ》ると為す莫き（世界の始まりにおいて万物を使役する主宰者とか、万物に働きかけて作る者はいないということ）とは、これを本《はじめ》と言えば、物と終始す」とあります[19]。

以上述べたところを総合すると、荘子における止とは、運動の反対としての静止、つまり万物の森羅万象における相対的な静止・停止ではなくて、どこまでも一切の相対的静止・停止の根源としての絶対的な静止・停止であり、さらにまた観とは、万物の始原・根源を観ることです。

さて、天台智顗《ちぎ》によれば、止観には相対的意味と絶対的意味とがあり、前者としては、止とは止息・停止、不止に対する止、観とは貫穿・観達、不観に対する観の意味があり、後者としては、止も観も不可得で言語や思慮を絶したものですが、種々の因縁や方便によって説かれ修練されるものです。さらにまた、天台智顗によれば、三種止観（漸次《ぜんじ》止観・不定《ふじょう》止観・円頓《えんどん》止観）のうちで、円頓止観は、初めから実相の真実を対象とし、行も理解も円満で頓速なものであり、したがって大乗仏教の極地である、と言われます（『摩訶止観』）。特に天台止観の方法は、「空観・仮観・中道観」の三観を基本として成り立ちますが、これらはちょうど「空・縁起（色）・中道」の鼎立的関係に対応しており、分節すれば、禅宗の坐禅においてもまたそのあたりの消息を十分に弁えていなければ、生き生きした坐禅とは成りえないでしょう。つまり、漢語としての言葉の表面だけ見ると、いかにも、坐禅は「止」の局面だけ含んでいて、「観」の側面を含んでいないように見えますが、そのサンスクリット原語の意味を一考すれば、明らかに「観」の側面を含むどころか、むしろそちらが主目的であるようにさえ思われるのです。観音の観が慈悲の局面を前面に押し出し、止観の観は智慧を際立たせることにある、と言ってもよいでしょう。

　そうしたことから考えてみると、止観とは、空の観点に立って一切万物・森羅万象を見直し反省することです。それは、あたかもX軸とY軸が交差するゼロ点、つまり万物の原点に立って万物のあるべき姿を反省することです。言い換えれば、このことは、禅の専売特許としての「思量箇不思量底」ないし「非思量」ということに他ならないのです。禅宗の専売特許と思われている「坐禅」にあたるものとして、八正道の中には「正定」、六波羅蜜のなかには第五番目に「禅定」ないし「禅那」あるいは「静慮」という実践方法があります。そのサンスクリット原語 dhyāna とは、「熟考すること、瞑想すること」、少し詳しく言えば、「静かに真理を観察すること」です。したがって、「禅定」とは、心を散乱させず、一つのものに集中し、智慧を得るための修行法に他なりません。それゆえ、実際問題としても、坐禅中の二つの困難は、心の散乱（物事をあれこれ考えてしまうこと）と昆沈（居眠りすること）です。したがって、正しい坐禅とは、何はともあれ、前者にとらわれることを「止」め、目を半眼に開けて後者に陥らないように、具体的には「筋肉と骨組みによって」正しい坐相を保ち（調身）、正しい息使（調息）をすることによって、心を落ち着けること（調心）に他なりません。ちなみに、恵心僧都源信は、「心中に歓喜し、身心安楽なること禅定に入るが如し」と述べています。[20]

四　中道の実践としての観自在

さて、本節の主題である「観自在菩薩」は、「五蘊皆空」と「照見」したわけですが、そもそもこれらの「照見」された内容としての「五蘊皆空」ということは、一体全体どういうことでしょうか。すべての存在者には「自性」がなく、したがって「永遠不滅の実体」などというものは何一つない、というのが般若思想の出発点です。だから、『般若心経』では、すべての有相や声色がことごとく無と否定されています。しかし、般若の空の哲学は、単に物の存在を一方的に否定するだけが能ではありません。竜樹（Nāgārjuna）の「八不中道」という考え方によれば、空の論理としての否定の原理は、「不生・不滅、不常・不断、不一・不異、不来・不去」という八つの否定の論理によって、そのどちらでもない中の立場（中道）に立つことを迫っています。しかし、その本質が空なのですから、そこに留まることも許されないのが、「八不中道」でなければなりません。したがって、空は「否定」と「超越」を含んでいます。しかし、否定と超越によって、何もしないのでは困るわけで、そこに新しい生命を持ち込まなければ生きた仏教にはならないのです。これを救うために、中道と縁起の教えがあるわけであり、空による否定だけでは内容が出てこないところが人間的生の難しいところです。

このような「中」の立場に関しては、すでに、ギリシア哲学においてはアリストテレスが「過超」と「不足」との中間としての「中庸」の倫理学を展開し、中国においても四書（論語・孟子・大学・中庸）の一つとしての書名にまでなっていることに明らかなように、中道や中庸の概念は重要不可欠な考え方かつ生き方なのです。およそ、中庸とか中道とかいうことは、両極端の中間、ないしは両者の間ということですから、単に概念として考えれば全く簡単なことのように思えますが、生き生きした中道・中間・中庸ということは大変難しい事柄なのです。ちなみに、アリストテレスは、「節制も勇敢も「過超」と「不足」によって失われ、「中庸」によって保たれるのである」[21]と述べています。それゆえ、中庸は、その都度の認識・行為・感情において的確・適正・正当に振る舞い、何事であれ、矢を射るときに的に当たらなければ意味がないように、まさに事柄に的中しなければならないのです。しかしながら、私たち凡夫的な人間にとっては、その時、その場において、最も適切で最も妥当な行動をすることは決してなまやさしいことではありません。したがって、儒教においては、本当に中庸を得ることができたなら、それは聖人に等しいことになるとさえ言われています[22]。

ところで、中道といっても、ただそれを論理的に考えているだけならば、どちらでもあり、どちらでもないという二つの可能性が残るわけですが、現実としては、両極端――あるいは既存の見解――を共に不十分なものとして斥けるのですから、そこには自らが一つの新しい道筋を示さねばならないという、非常に責任ある立場に立たされており、ある意味で新しい、独創的な見解や方途を提示することを必然的に迫られているのです。そうでなければ、空の立場は、無責任な評論家の立場でしかなくなるのです。だからして、空の原理は、否定と超越と、さらには行為の原理でなければならないのです。縁起と空を結び付ける中道の立場は、いかなるごまかしも、戯論としての論理の遊びや抽象的思弁をも許さず、厳しい現実への対応としての行為・行動によってのみ、真実のものか、贋物かが明らかになるのです。しかも、中道としての正しい行動というものは、仏教では、たとえば八正道や六波羅蜜などの具体的な実践徳目によって行動の指針が与えられているのです。それはもはや言葉の解釈といった理論的な問題ではなくて、具体的現実としての実践の問題です。

ちなみに、ゲーテ（1749-1832）は、ファウストをして、「ヨハネ伝福音書」の冒頭の文章「太初に言《ことば》あり、言《ことば》は神と偕《とも》にあり、言《ことば》は神なりき」をドイツ語に訳させたとき、ギリシア語「ロゴス（logos）」のドイツ語訳語として、

「言葉（das Wort）」にも、「意味（der Sinn）」にも、「力（die Kraft）」にも満足せずに、いろいろ苦労した挙げ句、「行為（die Tat）」と訳してみて、漸く安堵するにいたりました[23]。田辺元（一八八五〜一九六二）の解釈に従えば、ロゴスとは「ギリシアでは言葉であり、ヘブライでは心（神の意志）であり、近世にくればそれが力であり、それから歴史主義の時代、現代になれば、わざであり行為である。ロゴスは、本当は歴史の立場でいえば、行為でなければならないというのが、ファウストの言葉の中に現れたゲーテの世界観、ゲーテの思想であるといわれる[24]」のです。

しかし、私たちは、いま空の原理から追求してみた結果として、やはり現実の世界、すなわち歴史の世界は行為によってしか責任がとれないということに立ちいたり、ゲーテに非常な親しみを感ずることを禁じえないとの思いです。「人間悟性は行為的には（tätig）間違えることは滅多にない[25]」とゲーテも語っているように、邪道に陥らせるのは偏見やエゴイズムであり、平衡感覚を備えた知性ならば大抵は適切に判断し行為することができるはずです。

だからこそ、「常識」に相当するドイツ語は、der gesunde Verstand すなわち「健全な悟性」と言うぐらいであり、「良識」にあたるフランス語は bon sense すなわち「良き感覚」を意味しているのです。ラテン語の sensus communis すなわち「共通感覚」にしても、いずれも、良い意味での平衡感覚と自他共通の普遍性としての人間における中庸の能力なしには成立不可能なものです。なおまた、カントの言う「世界市民的見地」、「世界概念の哲学」といった考え方も、この「共通感覚」の考え方の別名ではないかと私は考えています。カントはさらに、「自ら考えること」としての「啓蒙」のモットーは、「自分の悟性（Verstand ＝思考し判断し理解する能力）を用いる勇気をもて」ということであると定義しています[26]。

これらの事態は、洋の東西を問わず、中庸や中道の概念がいかに重要なものであるかを物語っているのです。中道の実践としての八正道や六波羅蜜にしても、こうした常識・良識・共通感覚が欠けている場合には、そこに近づくことすらできないのではないでしょうか。

五　如人としての人間の現成

さて、道元は、『正法眼蔵』「観音」の巻の冒頭では、次のような雲巌曇晟《うんがんどんじょう》（七八二〜八四一）と道悟円智《どうごえんち》（七六九〜八三五）との有名な問答を掲げながら、自らの観音解釈を展開します。まず、この問答の吟味から始めてみましょう。

雲巌無住大師、道悟山修一大師に問う、「大悲菩薩、用許多手眼作麼《ようこたしゅげんそもさん》（許多《こた》の手眼を用いて作麼《なに》かせん）」。道悟曰く、「如人夜間背手摸枕子《にょにんやかんはいしゅもちんす》（人の夜間に背手にして枕子を摸するが如し）」。雲巌曰く、「我会也《がえや》（我《わ》れ会せり）」、我会也（我《わ》れ会せり）」。道悟曰く、「汝作麼生会《にょそもさんえ》（汝、作麼生《そもさん》か会す）」。雲巌曰く、「遍身是手眼《へんしんぜしゅげん》（遍身是れ手眼）」。道悟曰く、「道也太殺道《どうやたいさつどう》（道《い》うことは太《はなは》だ道う）」、祇道得八九成《しどうてはちくしん》（ただ八九成を道い得たり）」。雲巌曰く、「某甲祇如此《ぼうこうしにょし》（某甲《それがし》は祇《ただ》かくの如し）」、師兄作麼生《すひんそもさん》」。道悟曰く、「通身是手眼《つうしんぜしゅげん》（通身是れ手眼）」。

道悟はここでは観音のことを大悲菩薩と言っていますが、多種多様なあり方をしている観音の一種類としての「千手千眼」観音は、周知の如く、千の手と千の眼、つまりそのように多く（許多）の手と眼をもって人々を救済しようとするという意味において、まさに「大悲菩薩」、すなわち人々に大きな慈悲を施す菩薩、と言われるのです。一体全体、観音様はそんなに沢山の手と眼をもって何をなさろうとするのでしょうか、と雲巌が道悟に聞いたとき、道悟は「如人夜間背手摸枕子（人の夜間に背手にして枕子を摸するが如し）」と答えたわけですが、この答えはそもそも何を意味しているのでしょうか。

その前に、まず「許多《こた》」の意味を確認しておくことにします。仏教では、無量寿、阿僧祇劫、八万四千の法門とか、あるいは千手千眼、三十三身、十一面とか、大変多い数量か、あるいは奇妙に多い数量が好んで語られていますが、すでに述べましたように、それもみな大乗仏教における衆生済度の働きの広大無辺さ・自由自在さ・活発さ・豊かさなどなどを表現しているのです。しかし、その際、大事なことは、その数や量ではなくて、その仕方であり、態度であり姿勢です。したがって、道元は次のように言っています。「許多は、いくそばくといふなり。如《にょ》許多《こた》の道なり、種般《しゅはん》（＝種類）かぎらず。種般すでにかぎらずば、無辺際量《むへんざいりょう》にもかぎるべからざるなり。用許多《ようこた》のかず、その宗旨かくのごとく参学すべし。すでに無量無辺の辺量を超越せるなり」（眼蔵・観音、一 421/422）。

さて、雲巌の「用許多手眼作麼生《ようこたしゅげんそもさん》」という問いに対して、道吾は「如人夜間背手摸枕子《にょにんやかんはいしゅもちんす》」と答えました。この答えの読みは、「人の夜間に手を背にして枕子を摸するが如し」、つまり「人の夜間に手をうしろにして、まくらを摸《も》索《さく》するがごとし。摸索するといふは、さぐりもとむるなり」。これを一般的に解釈すれば、観音における慈悲救済の働きは、「夜中に無意識裡に、何のわだかまりもなく、しかし一生懸命に、手を伸ばして枕を捜し求めるようなものである」ということになります。意味はこれでそのまま通用するのですが、ここでも道元は独特な読み方、つまり例によって、右のように日本語的に読むのではなくて、中国語的に上から下へ一気呵成に読んでいくのです。以下は、「如人夜間背手摸枕子（人の夜間に背手にして枕子を摸するが如し）」の一節に対する、道元の空前絶後と言える解釈の要点です。

「用手眼《ようしゅげん》は、如人夜間背手摸枕子なり。これをもて用手眼を学すべし。夜間を日裏よりおもひやると、夜間にして夜間なるときと、検点すべし。すべて昼夜にあらざらんときと検点すべきなり。人の摸枕子《もちんす》せん、たとひこの儀すなはち観音の用手眼のごとくなる、会取せざれども、かれがごとくなる道理、のがれのがるべきにあらず。

いまいふ如人の人《にん》は、ひとへに譬喩の言《ごん》なるべきか。又この人は平常《びょうじょう》の人にして、平常の人なるべからざるか。もし仏道の平常人なりと学して、譬喩のみにあらずば、摸枕子に学すべきところあり。枕子も、咨問すべき何形段《がぎょうだん》あり。夜間も、人天昼夜の夜間のみなるべからず。」（眼蔵・観音、一423/424）

ここのところの文章を一応現代語に訳しますと、おおよそ以下のようになります。

「手と眼を用いるということは、人が夜中に手を伸ばして枕を探すようなものである。このことを念頭に置いて用手眼ということを学ぶべきである。夜を昼から思いやるのと、夜に夜そのものの特質を考えるのと、比較検討してみるがよい。さらにまた、昼夜の区別のないときと比較検討してみるとよい。人が枕を探す働きが、観音様が千手千眼を用いて衆生済度の働きをなすのと同様であるのだが、これが理解できなくても、このことが物事の本当の正しい道理であることは、避けられない事実なのである。

ここで言う如人の人はただひたすら譬喩の言葉であるべきだろうか。あるいはまた、ここで言う人とは平常の生き方をしている人のことなのか、平常の生き方をしていない人のことであるのか。もしこの人を、仏道に言う最高のあり方としての平常人とみなし学んでいかなければならないとすれば、それはただの譬喩ではなくて、枕を探す行為〔摸枕子〕に即して学ぶべきである。枕にも問うべき何かがあるのだ〔咨問すべき何形段《がぎょうだん》あり〕。夜間といっても、それは単に人間界天上界における昼夜の区別観の中での夜間のことだけではないのである」と。

ここで、まず「如人」という、切り離しによる独特な表現に着目しないと、道元の言わんとしていることが読み取れません。この「如人」は、臨済で言えば「無位の真人」、永嘉大師における「絶学無為の閑道人」、道元のしばしば語る「本分人・恁麽人」などに等しいものです。これらの大力量底の人士（大丈夫・達者・達道者などなど）は、どのようにむつかしいことも「平常心是道《びょうじょうしんこれどう》」ないし「日日是好日」という態度姿勢をもって対処できるので、「平常の人にして、平常の人なるべからざる」ところがあるのです。だから、「如」は決して単に譬喩ではありません。道元禅においては、この「如」にその最高の働き、つまり禅的精神が籠められているのです。「坐禅箴」における「水清《きよ》うして地に徹《てっ》す、魚行《ゆ》いて魚に似たり、空闊《ひろ》うして天に透《とお》る、鳥飛んで鳥の如し」（道元「坐禅箴」）という表現においても同様な真意と深意が籠められています。それゆえ、この如は、先の中道の実践としての「的中」であり、「適正」であり、それこそが、「無上」であり「正等」であり「公平」であり、「公正」であり、「正義」です。それこそが最高の自由であり、最高の自在であるのです。

道元は、『正法眼蔵』「全機」の巻の末尾で、「如人夜間背手摸枕子」という事態を「生死の全機現」の問題に関連づけて、次のように語っています。「全機現に生あり死あり。このゆゑに、生死の全機は、壮士の臂《ひじ》を屈伸するがごとくにもあるべし、如人夜間背手摸枕子にてもあるべし。これに許多の神通光明ありて現成するなり」（眼蔵・生死、二85/86）。

すなわち、道元によれば、生死の問題は、何か抹香臭いことかと思いきや、血気盛んな若者が「腕立て伏せ」をするようなものであり、それがまた「如人夜間背手摸枕子」ということでもあるというのです。だから、「如人夜間背手摸枕子」とは、私たち各自がまじめに一生懸命生きている姿のことなのです。生きるということは、夜中に枕を探し求めるように、始めから答えが明示されているわけではないのですが、いろいろと工夫努力しているうちに、しかるべき道と方策が見出され、いつしかこれしかないというところに行き当たり、大事をなし遂げることもできるのです（「これに許多の神通光明ありて現成するなり」）。ただしかし、そこには、どんなに血気盛んであっても、「水鳥の遊くもかへるも跡たへて　されども道は忘れざりけり」というところがなければ、仏道にはなりません。

良寛和尚の一句に「裏を見せ　表を見せて　散る紅葉」とあります。生死の向こう側に涅槃があるのではなくて、生死のまっただ中にこそ涅槃寂静と安心立命とがあるのです。それゆえにこそ、生の時は生に徹し、死の時は死に徹することが、そのままで生死を超越し解脱することであり、生と死を一心不乱に生き抜き、死に切ることです。とにかく、中途半端が一番いけないのです。中途半端と中道とははっきりと弁別しなければなりません。そのためには、観ること自在としての心眼によって、つねに、「如」としての「的中」と「適正」に狙いを定めなければなりません。そのとき、「人在りて人の如し、人行《おこな》いて人の如し」、すなわち、「如人」としての人間が現成してくるのです。最後に、「人在りて人の如くに振る舞えば　これぞまさしく観音の行」という腰折れをもって、第七章「観音の力と働き」の講述を終えることにします。

注

(1) 本章の一、二、三、四節は、拙論「観音の力と働き」、『日本及日本人』第一六〇四号、四八～五六頁を修正して成り立つものである。本書第七章を執筆した当時までは、もっぱら岩波文庫の観音経のテキストに依拠するのみであったが、拙著『観音経入門――汝、観音の行を聴け』（晃洋書房、二〇二〇年）の執筆に着手して以来は、色々な参考書を垣間見る機会を得て漸く自分なりの読み方解き方が出来るようになったと思う。同時に朝課で音読を繰り返してきたことも観音経理解の糧となったと信じたい。

(2) 『岩波・仏教辞典』、中村元監修『新・仏教辞典』（誠信書房、一九六二年）、駒澤大学編『禅学大辞典』などの当該箇所参照。本節の観音の他の箇所の説明に関しても、これらの辞典を参照している。

(3) 坂本幸男・岩本裕訳注『法華経』下巻、岩波文庫、一九六七年、二四二、三七二頁参照。

(4) 前掲『禅学大辞典』の当該箇所参照。

(5) 前掲『法華経』下、四五〇頁以下参照。観世音菩薩は、もともと西方浄土を自らの居場所にしている阿弥陀如来の脇侍の役を担うので、必然的に西方に位置することになると思われる。

（6）窺基《きき》〔又は基《き》〕（六三二〜六八二）は玄奘（六〇二〜六六四）の弟子で、師とともに、「成唯識論」の漢訳作業に参加し、一家の見を持してこれを完成させ、また真諦（Paramârtha, 四九九〜五六九）訳を中心とした唯識説を批判して新唯識説を打ち立て、法相宗を興こした。大慈恩寺に住したので、慈恩大師と言われた。彼は優れた学僧であるが、酒と女性と経典を愛したので、三車法師とも呼ばれたそうである。『世界宗教大事典』、平凡社、一九九一年、初版、および前掲『岩波・仏教辞典』参照。

（7）前掲『法華経』下、三七一／三七二頁参照。

（8）前掲『法華経』下、二四二頁以下参照。

（9）前掲『法華経』下、三七五頁参照。

（10）前掲『法華経』下、三七五頁参照。

（11）高神覚昇『般若心経講義』、角川文庫、一九五二年、二五〜三八頁参照。

（12）中村元・紀野一義訳注『般若心経・金剛般若経』、岩波文庫、一九六〇年、一五頁参照。なお、「般若波羅蜜多（prajñāpāramitā）」という言葉は、西洋の大禅学者H・デュモーランや優れた仏教者E・コンゼによって「超越論的智慧（transzendentale Weisheit）」と訳されている。Heinrich Dumoulin, *Zen. Geschichte und Gestalt*, Bern 1959, S. 40ff.; Edward Conze, *Der Buddhismus*, Stuttgart 1953, S. 116. すなわち、「超越論的智慧」とは、それ自身、経験的な分別知ではないが、それらを自らの具体的な内容として生かしつつ包摂する、全体的・総合的な直観知である。有福孝岳『「正法眼蔵」に親しむ』、学生社、一九九一年、三一三頁、注(19)参照。

（13）前掲『法華経』下、二四二頁。

（14）中村元・早島鏡正・紀野一義訳注『浄土三部経』下（観無量寿経・阿弥陀経）、岩波文庫、二〇〇七年第五〇刷、八七頁参照。

（15）前掲『浄土三部経』下、六一頁参照。なお、次のような心眼の観点もある。「かの仏を想《おも》わん者、まず、まさに像《すがた》を想うべし。目を閉じても開きても、一宝像の、閻浮檀金《えんぶだごん》〔インドの理想的名木、閻浮樹の下の河に産する赤黄色の上質の金〕の色のごとくにして、かの華上《けじょう》に坐したもうを見よ。（この）像の坐せるを見おわらば、心眼、開くことをえて、了々分明《りょうりょうふんみょう》に、極楽国の七宝の荘厳《しょうごん》・宝地《ほうじ》・宝池《ほうち》・宝樹《ほうじゅ》の行列と、諸天の宝幔《ほうまん》〔宝をちりばめた幔幕〕、その上に弥覆《みふ》し、（さらに）衆宝の羅網《らもう》〔珠玉でできた網〕の、虚空の中に満つるを見よ。かくのごときの事を見るに、極めて、明了《みょうりょう》ならしむること、掌中《しょうちゅう》を観るがごとくせよ」（同五九頁）。

(16) 宮本武蔵著・渡辺一郎校注『五輪書』、岩波文庫、一九九一年第一五刷、四六、一二六／一二七、一三七頁以下参照。
(17) 詳しくは、黒田亮『勘の研究』、講談社学術文庫、一九八〇年第一刷、特に一九〜二七頁参照。
(18) 金谷治訳注『荘子』、第一冊（内篇）、岩波文庫、二〇〇〇年第44刷、一四九〜一五二頁参照。なお、「徳充符」とは、徳が内に充実したしるしという意味である。同一四七頁参照。
(19) 同右、第三冊（外篇・雑篇）、一九九八年第一一刷、三一五〜三一九頁参照。なお、「則陽」とは人名である。同一八〇頁参照。
(20) 石田瑞麿訳注『往生要集』大文第二、岩波文庫、上、一九九四年第二刷、九一頁参照。なお、霊山に登って「禅定」に入り、修行を積むことから、日本では霊山の頂上を指して「禅定」と呼んでいるほどである。「この清川と申すは、羽黒権現の御手洗《みたらし》なり。月山の禅定より北の腰に流れ落ちけり」（『義経記』七、「直江の津」）。
(21) 高田三郎訳『ニコマコス倫理学』（1104a）、岩波文庫、上、一九七一年、六〇頁参照。
(22) 宇野哲人全訳注『中庸』、講談社学術文庫、一九八三年、三頁参照。
(23) J・W・ゲーテ『ファウスト』、悲劇・第一部、書斎（一）。Vgl. J. W. Goethe, *Faust*, der Tragödie erster Teil, 1124-1137.
(24) 田辺元『哲学入門』、筑摩書房、一九五五年、一八五頁。
(25) J. Hoffmeister, *Wörterbuch der philosophischen Begriffe*, Hamburg 1953, S. 288.
(26) 有福孝岳『カント「純粋理性批判」』、晃洋書房、二〇一二年、一六三／一六四頁参照。

あとがき

すでに、二十一世紀も二十二年目となりました。現代においてすら、地球上のあちこちの地域において、あるいは民族紛争のために、あるいは思想信条の違いのために、あるいは飢餓のために、あるいはテロ行為によって、悲惨な出来事が続発しています。かつては日本は経済的にも物質的にも恵まれていて、日々の生活を比較的安定的に送ることができていましたが、今日、政治も経済も貿易も行き詰まりの状態に陥り、就職活動も思うがままにならず、大変困難な時代状況の中に陥っています。日本のかなりの若者が一日中ゲームに明け暮れて、なすべき学業や任務を果たさずに、自堕落な生活に埋没しているとしばしば耳にします。いまや日本人は一昔前とは打って変わって、心身共に疲弊し不安定な生活を送っているように見えます。それは、一体全体、何に基づくことなのでしょうか。

かつては「衣食足って礼節を知る」と言われましたが、今日では「衣食足れども礼節を知らず」という時代になってきました。根本的な意味において、自主的・自立的に考える力を失い、自己喪失に陥っているようです。自己喪失とは人間性の喪失であり、心が曇っているということに他なりません。心乏しき時代と言われる今こそ、よき意味での質実剛健の精神を想起し復活させる必要があります。今のような時代においては、強い精神力を復活させ、維持するためには、身と心とをバランスよく調和させ、機能させていかなければなりません。それにはたとえば坐禅のような修行が一番だと思います。日々多忙な中で坐禅できる時間を作っていただいて、身心共にリフレッシュされることをおすすめしたいと思います。そもそも、行に裏打ちされた思想や論理でないものは、人々を覚醒させる力はないと思います。お釈迦様が悟りを開かれたのも、端座六年の修行があったからです。仏の悟りの姿としての坐禅とは、自分自身が心に秘めている最も清らかな心を、自分自身の身体をもって具体的に実現できる最高の文化にして技量です。

ところで、坐禅を第一とする禅仏教は、身体をもってする行の宗教であると同時に、心の宗教であると言われます。道元の主著『正法眼蔵』の中で、直接に「心」という字がタイトル名になっているものだけを挙げれば、次のようなものがあります。「身心学道」「即心是仏」「心不可得」「後心不可得」「古仏心」「三界唯心」「説心説性」「発菩提心」「発無上心」「他心通」「道心〔仏道〕」などがそれです。これらの諸巻において展開されている、『正法眼蔵』における「心」の問題、言い換えると、日本最高の宗教家であると同時に哲学者とも言える道元が「心」の概念をどのように理解し、道元禅において心がどのような役割を演ずるかということに焦点を当てたものが本書の内容です。このように『正法眼蔵』において多面的に展開されている心の提唱は、それがどんなに深遠なものであっても、道元自身のいろいろな人生体験と、なかんずく坐禅の実践なしには不可能であったことでしょう。

さてそれでは、道元における「心の哲学」とは、簡単に言えば、どのように表現されうるのでしょうか。私の理解したところによると、第一に「自性清浄心」の思想、第二に「三界唯心」の思想、第三に「心学道」という根本姿勢、第四に身学道としての具体的・体験的実践、の四点に帰着させることができると思います。

ちなみに、禅の修行においては、終始「己事究明」すなわち本来の自己を見出し明らかにすることが強調されます。ここには、人間は本来のあるべき自己に帰らねばならない、言い換えれば、帰るべき本来の自己があるという根本信念が存しています。しかも、この同じ事態を心という観点から支えているものが、自己本来の姿としての「自性清浄心」の思想です。禅において追求すべき真の自己、本来の自己を実現している人間は、「本分人・真人」

と呼ばれますが、このような「本分人・真人」は、人間本来の姿としての純粋無垢な「自性清浄心」の持ち主に他ならないのです。この自性清浄心は仏性の別名でもあります。この「自性清浄心」を私たちが自らの内に持ちながら、日頃はそれをあまり発揮していないとすれば、私たちはこれをいつでもどこでも発揮し実現すべく工夫努力すべきです。それゆえ、「自性清浄心」の実践は、かいつまんで言えば、すべてを心の修行とみなす「心学道」の姿勢・態度と、存在・認識・行為のすべてが心であるという「三界唯心」の思想とによって可能となるでしょう。

なぜなら、道元においては、第一に、いかなる言葉（道得）が語られるにしても、それは自己の仏道修行のあり方・態度・姿勢を決定し導くもの以外の何ものでもなく、それはことごとく己の「学道」の向上のためにのみ存在するからです。第二に、なにも仏道修行者に限らなくとも、一般に人間なら誰でも、この世界の中で遭遇する他者としての種々様々な出来事や人間や事物に対処する場合、心の持ち方次第ですべてのことが決定しますが、このことは、仏教では「三界唯（一）心」と呼ばれました。道元もこの考えを踏襲しただけではなくて、彼独特の立場から、これをさらに推し進めて「山河大地日月星辰これ心なり」あるいは「牆壁瓦礫これ心なり」とさえ道破しました。だからこそ、「山河をみるは仏性をみるなり」（眼蔵・仏性、一 80）と言いうるのです。すなわち、道元の心の哲学をまとめて、「すべてが心（三界唯心）であるがゆえに、一挙手一投足が心の修行（心学道）となるのだ」、また逆に「一挙手一投足が心の修行（心学道）であるがゆえに、すべてが心（三界唯心）となるのだ」と言ってもよいでしょう。

「三界唯心」の思想が単に唯心論的構想にのみ留まって、「心学道」という心の修行によって裏打ちされないならば、それは観念論的遊戯に終わりますが、前者が後者によって実証され行証されている場合には、「三界唯心」の真実性が露《あらわ》に示されるのです。ちなみに、道元が「心学道」について述べている『正法眼蔵』の巻名が、実は「身心学道」となっていることに着眼しなければなりません。心は身を離れてはありえず、身もまた心を離れてはありえません。だからこそ、道元は他にもまた「身心脱落」「身心一如(不二)」といった言葉を使っているわけです。このように、心が働くときにはつねに身体が精神に付き添っています。道元が「身学道」の重要性と卓越性について語っていることは、本書で論じた通りです。どんなことがあっても「身をもって道を学ぶ」ことの重要性を決して忘れてはなりません。全身全霊を傾けるということがまさにこれです。

それゆえ、『正法眼蔵』の解釈に関して何か言葉を語る場合には、したがって本書『道元の心の哲学』においても御多分に洩れず、いつも自己の修行としての「学道」ということが含まれていなければならず、単なる学問的研究とか言葉の分析だけで「能事畢れり」という態度では不十分極まりないということを、私自身の自戒の言葉としたいと思います。浅学非才にして修行未熟の筆者のことゆえ、不十分な叙述があると思われますが、読者諸賢のご指摘・ご教示により、少しでもより良き書物として改良していきたいという念願を持ちつつ、本書を擱筆したいと思います。

なお、本書は、筆者がかつてＮＨＫブックス701として刊行させていただいた旧著『『正法眼蔵』の心』(一九九四年、現在絶版)を基礎にして、今回新たに「です・ます調」に書き改め、可能なかぎりやさしい読み物になるように心がけたつもりですが、未だ不十分な箇所があるかもしれません。今回、本書が旧著の装いを改めて再び世に出るようになりえたのは、ひとえに晃洋書房編集部の井上芳郎氏の温かいご好意と慈愛にみちた忍耐力のおかげです。同氏に深甚の謝意を表する次第です。

あとがき・補足

以上述べてきた拙論『道元の心の哲学』の「あとがき」を書き上げるにあたって、今日の時代的情況に鑑みて、補足をしておかなければならない問題があります。それは、二〇一九年一二月三一日に、中国武漢においてその最初の発症が確認されたとされている新型コロナウイルス感染症の問題です。本書を構想していたときにはまったく予想もしていなかったので、これについては本論の中で言及することはできなかったのですが、今や新型コロナウイルスによる感染症が極めて危険で甚だ深刻な事態を招くに至っています。周知の如く、この感染症は瞬く間に世界的大流行の疫病となってしまい、こうしたコロナウイルス感染のパンデミック現象は、地球上の全人類を不安と恐怖のどん底に落とし入れる事態となっています。

世界保健機関（ＷＨＯ）はこの新型コロナウイルスの正式病名を「COVID-19」と定義しました。名称に含まれる「ＣＯ」はコロナ（corona）を、「ＶＩ」はウイルス（virus）を、「Ｄ」は病気（disease）を意味し、「19」は二〇一九年を含意するとのことです。

一方、新型コロナウイルスの正式なウイルス名については、国際ウイルス分類委員会が「SARS-COV-2」と名づけています。この名称の選定理由は、ＳＡＲＳ（重症急性呼吸器症候群）を引き起こすウイルス（SARS-COV）の姉妹種であることが明らかになっているからです。

世界の死者の数を見れば明らかなように、新型コロナウイルス感染症は、実に恐ろしい病気です。私たちはいかにすれば、新型コロナウイルスの襲撃から逃れることができるのでしょうか。コロナウイルスは、見えざる敵ですから、何時何処に出現するかもわからず、その対処は困難を極めるものです。街中に出かけるときは必ずマスクをして、人の密集するところには近寄らないようにしなければならないのですが、たとえば買い物をするときにはいろいろな人に近づかなければ物は買えません。「自粛せよ」と迫られても、人類社会はお互いに助け合って初めて双方共に生きることができる社会ですから、自粛ということも完全には成立しない課題であると思われます。

ちなみに功山寺の坐禅会では、平時には坐禅終了後はお茶をのみお菓子類を食べて、雑談をして終わりにしていたのですが、コロナ蔓延以降は、飲食類はすべて停止して、また住職の法話もせずに、黙って坐禅に参加し、坐禅が終われば黙って散会するというような殺風景なあり方を続けています。もちろん、坐禅に参加する人にもマスクを着用してもらっています。個々人にできることはそんなに多くはないのですが、油断は禁物です。一瞬一瞬の注意深い行動によって、わが身を守ることを各自が実行すれば、コロナ禍はある程度抑えることができるのではないかと、ただ心より願うばかりです。

ところで、『観音経』「普門品偈《ふもんぼんげ》」には、次のような文言があります。すなわち、「観音妙智力　能救世間苦　具足神通力　広修智方便　十方諸国土　無刹不現身　種種諸悪趣　地獄鬼畜生　生老病死苦　以漸悉令滅」と。この漢文に和訓を付ければ、「観音妙智の力は、能く世間の苦を救い、神通力を具足し、広く智方便を修し、十方諸国土、刹〔国土〕として身を現ぜざること無く、種種の諸悪趣、地獄・鬼・畜生、生老病死苦、以て漸《ようや》く悉《ことごと》く滅せ令《し》めん」となるでしょう。

要するに観音様は、一切衆生の苦しみをその智力を以《もっ》て速やかに察知して、その苦悩を救済して下さる有りがたい菩薩であると説かれています。『観音経』は一見すると、観音様の御名を唱えればいとも簡単に苦難を救われると書かれていて、いかにも他力信仰を強調しているように見えますが、実際は、観音様の救いに与るためには、救われるに値する行為を日頃より積み重ねていなければ、決して観音様はそう簡単には私たちを救って下さることはないという厳しい側面があることを知らなければならないのです。たとえば、「人事を尽くして天命を待つ」（胡寅《こいん》『読史管見』、胡寅は宋初期の儒学者。字は明仲。致堂先生と称される）という諺があるように、『観音経』の最後の結論は、『観音経』の法座にいる者が悉《ことごと》く無上正等正覚を発した（「発阿耨多羅三藐三菩提心」）と書かれているのです。すなわち、「仏、是の普門品を説きたまう時《とき》。衆中八万四千の衆生は皆《みな》、無等等《むとうどう》の阿耨多羅三藐三菩提心《あのくたらさんみゃくさんぼだいしん》を発しき」ということが『観音経』最後の結語・結論となっているのです。すなわち、『法華経』なかんずく『観音経』の教えを拝聴していた八万四千の聴衆は、仏の悟りと同等な境地に到達しようとする心を発した」、簡単に言えば、八万四千の衆生は皆、仏の境地に到達したいという気持ちを起こした、ということになります。

ちなみに、サンスクリット原語テキストからの翻訳文は、この最後の結論を以下のように訳しています。すなわち、「世尊がこの「サマンタ＝ムカ（あらゆる方向に顔を向けた者＝観世音菩薩のこと）」の章を説いている間に、そこに集まっていた八万四千人の会衆は、比べるものもないほどの、この上なく完全な「さとり」に到達しようという心を起こした」（岩波文庫『法華経』下巻、二七一頁）。

この『観音経』の最後の結論を熟考すれば、『観音経』の多くの部分においては、観音の救いの力を信じて危急存亡のときには「南無観世音」と観世音菩薩の御名を唱えるならば、必ず観音の救いがあることが語られつつも、最後の最後の結論においては、仏の境地に到達しようと一心不乱に精進努力せよと説かれているのです。この境地は、もはや他力的境地ではなく、自己自身の発菩提心こそが救いの源であると喝破されているのであり、どちらかというと、徹底的に自力三昧の境地です。ここでは、観音様のお慈悲にもっぱら依存するような受け身的境地ではなく、絶対自力的生き方が語り出されているのです。むしろ、ここは自力とか他力とかの二元論的差別の境地を超越して、自力と他力を分別する二元論的区別以前の根源的一如の世界でなくてはならないのです。

人類の英知によって、感染症という病魔を乗り越えて、感染症と対峙する戦いの次元を乗り越えて、感染症を忘れることができるような健康な人類社会が可及的速やかに到来することを心より願うのみです。そのためには、私たちは私たちのなしうるあらゆる可能性を試みる必要があります。それが人事を尽くして天命を待つということに他ならないのです。

令和四年七月一日

長府功山寺にて　有福　孝岳

《著者紹介》

有福　孝岳（ありふく　こうがく）

1939年山口県小野田市生まれ。1963年京都大学文学部哲学科哲学専攻卒業後、同大学院にて哲学研究を続行、1968年京都大学大学院博士課程単位取得後、奈良教育大学助教授、名古屋大学助教授、京都大学教養部助教授・教授、同総合人間学部教授、ドイツ、ヴッパータール大学客員教授（1991年夏学期）等を歴任。

2003年４月１日京都大学定年退官後、東亜大学教授。現在、東亜大学大学院客員教授・京都大学名誉教授。文学博士。1991年３月11日以来、功山寺住職（現在に至る）。

著書に『道元の世界』（大阪書籍）、『「正法眼蔵」の心』（NHKブックス）、『「正法眼蔵《しょうぼうげんぞう》」に親しむ』（学生社）、『カントの超越論的主体性の哲学』（理想社）、『行為の哲学』（情況出版）、『哲学の立場』（晃洋書房）、『カント事典』（弘文堂、編著）、Deutsche Philosophie und Zen-Buddhismus（Akademie Verlag）、『カント全集』（全20巻・別巻1、編著訳、第4/5/6巻は編者による『純粋理性批判』（Kritik der reinen Vernunftの邦訳、岩波書店）、『道元禅師のことば・修証義入門』（法藏館）、『カントを学ぶ人のために』（共編著、世界思想社、2012年）、『カント「純粋理性批判」』（晃洋書房、哲学書概説シリーズⅣ、2012年）。『観音経入門』晃洋書房刊、2020/令和２年/10.30初版第一刷。

道元の心の哲学

2022年８月20日　初版第１刷発行　　＊定価はカバーに表示してあります

著　者　有　福　孝　岳©
発行者　萩　原　淳　平
印刷者　江　戸　孝　典

発行所　株式会社　晃　洋　書　房
〒615-0026　京都市右京区西院北矢掛町7番地
電話　075(312)0788番（代）
振替口座　01040-6-32280

装丁　木村博巳

組版　（株）トーヨー企画
印刷・製本　共同印刷工業（株）

ISBN978-4-7710-3500-3